Novalis

Geleit auf allen Wegen

*Aus dem
Gesamtwerk ausgewählt
und mit einem Vorwort
von Wolfgang Kraus*

Diogenes

Diese Auswahl erschien erstmals im
Georg Prachner Verlag, Wien und Stuttgart, 1952,
und wurde von Wolfgang Kraus für diese
Ausgabe überarbeitet.
Umschlagillustration: Caspar David Friedrich,
›Mondaufgang am Meer‹, 1822

Nach innen geht der geheimnisvolle Weg.
In uns oder nirgends
ist die Ewigkeit mit ihren Welten,
die Vergangenheit und Zukunft.

Novalis

Vorwort

Novalis ist noch längst nicht in vollem Ausmaß für unsere Zeit entdeckt. Zwar sind seine Schriften durch verläßliche Editionen und tausende scharfsinnige wissenschaftliche Studien erschlossen, doch gehört er zu jenen seltenen geistigen Persönlichkeiten, die von verschiedenen Positionen her andere und neue Besonderheiten zeigen. Nicht nur der gefühlsbetonte Leser oder der auf romantische Sehnsucht und tragisches Scheitern eingestellte Literaturfreund, auch der analytische Psychologe und der moderne Naturwissenschaftler finden in den Werken und Briefen von Novalis originelle Erlebnisse, Gedanken und Formulierungen. Novalis war eine der Hauptfiguren nicht nur der deutschen Romantik. Seine Wirkung erstreckte sich ebenso nach Frankreich wie nach Rußland, wo der Einfluß seiner Schriften gerade in diesen Jahren immer deutlicher erkannt wird.

Die Naturnähe von Novalis, seine tief emotionale Religiosität, die alle Kirchen überschreiten will und doch wieder die Geborgenheit einer Kirche sucht, die Verschmelzung einer besessenen Ichbezogenheit mit der Liebe zu Wäldern, Wiesen, Felsen, zu merkwürdigen Einsiedlern, idyllisch lebenden Aussteigern, sie können in unserer Gegenwart eines neuen Naturbe-

wußtseins und neuer Bemühungen um Lebenssinn er-
staunlich anregende und wichtige Antworten geben.
Die Erkenntnis der bedrohenden Tragik des zivilisato-
rischen Fortschritts bringt uns ein unerwartet neues
Verständnis für die Weltauffassung von Novalis, für
seine Art zu empfinden, zu denken und zu schreiben.

Die Geschichte hat uns vielfach eine sehr einseitige,
täuschende Darstellung seines Wesens überliefert. No-
valis fiel nach dem Verlust der beiden ihm teuersten
Menschen, seiner Braut Sophie und seines Bruders
Erasmus, in tiefe Schwermut, und damals schrieb er die
›Hymnen an die Nacht‹. Sie waren es, die ihn, eine
seelische Krise zum Charakterbild erhebend, zu Un-
recht als melancholischen Schwärmer bekannt mach-
ten. Sie sind der dichterische Ausdruck einer Depres-
sion und ihrer Folgen, sie werden aufgewogen und
überwogen von vielen Schriften, Gedanken und Brie-
fen, die sein eigentliches Wesen zeigen, das seine
Freunde liebten und das heute immer stärker in den
Vordergrund tritt. Eine Epoche überreifer spätroman-
tischer Empfindsamkeit hat, zum Teil aus der Un-
kenntnis vieler erst bedeutend später veröffentlichter
Briefe und Tagebücher, nur den Trauernden gesehen,
nicht aber den Mann, der mithalf, ein Zeitalter einzulei-
ten, und der die Worte schrieb: »Wir sind auf einer
Mission: zur Bildung der Erde sind wir berufen.«

Novalis wirkte schon durch seine bildhafte Erschei-
nung ungewöhnlich eindrucksvoll: »Er war groß,

schlank und von edlen Verhältnissen. Er trug sein licht-
braunes Haar in herabfallenden Locken. Seine Miene
war stets heiter und wohlwollend. Der Umriß und der
Ausdruck seines Gesichts kam sehr dem Evangelisten
Johannes nahe, wie wir ihn bei Dürer sehen«, schreibt
Ludwig Tieck, auf den verstorbenen Freund zurück-
schauend. Im Gespräch steigerte ein stürmisches Tem-
perament sein Wesen, wie Friedrich Schlegel uns be-
richtet: »Ein noch sehr junger Mensch – von schlanker,
guter Bildung, sehr feinem Gesicht mit schönen Augen
von herrlichem Ausdruck, wenn er mit Feuer von etwas
Schönem redet – unbeschreiblich viel Feuer... Er trug
mir seine Meinung vor – es sei gar nicht Böses in der
Welt – und alles nahe sich wieder dem goldenen Zeit-
alter. Nie sah ich so die Heiterkeit der Jugend.« Und
noch einmal Ludwig Tieck: »Seine Freundlichkeit,
seine offene Mitteilung machten, daß er allenthalben
geliebt war. Wie er auch am liebsten die Tiefen des
Gemüts im Gespräch enthüllte, begeistert von den Re-
gionen unsichtbarer Welten sprach, so war er doch
fröhlich wie ein Kind, scherzte in unbefangener Heiter-
keit und gab sich selbst den Scherzen der Gesellschaft
hin. Ohne Eitelkeit, gelehrten Hochmut, entfremdet
jeder Affektation und Heuchelei, war er ein echter,
wahrer Mensch.«

Vergegenwärtigt man sich die Fülle und Tiefe, die
bedeutenden Auswirkungen seines Werkes, so will
man es nur schwer glauben, daß seine Lebensgeschichte
kaum mehr als die Geschichte einer Jugend ist. Fried-

rich von Hardenberg – der sich später nach einem Schloß seiner Vorfahren Novalis nannte – wurde als Kind einer Familie aus niedersächsischem Uradel am 2. Mai 1772 auf Schloß Wiederstedt bei Mansfeld geboren. Der alte Turm, der fliederüberwucherte Hof, die Lindenallee, der Schloßpark mit dem verträumten Weiher waren die ersten Eindrücke seiner Kindheit. Nach einer schweren Ruhrerkrankung im neunten Lebensjahr verbrachte er längere Zeit im Hause seines reichen Onkels, des Landkomturs von Sachsen, eines deutschen Ordensherrn und Weltmanns im großen Stil. Um so bedrückter fühlte er sich, als er in das Elternhaus – der Vater war inzwischen als Salinendirektor nach Weißenfels gezogen – zurückkehrte.

Novalis war bisher nur von Hofmeistern unterrichtet worden, und erst 1790 besuchte er das Gymnasium in Eisleben. Doch er blieb nicht lange: nach dem Tod des berühmten Direktors der Anstalt begann er, dem Wunsch des Vaters gemäß, an der Universität in Jena das Jusstudium. Dort lernte er Friedrich Schiller kennen, der eben Geschichtsvorlesungen hielt, und Karl Reinhold, den großen Lehrer der Philosophie Immanuel Kants. Das juristische Fach interessierte ihn wenig – er las die Schriften der großen Philosophen, er studierte Geschichte, schrieb seine ersten Gedichte und überließ sich einem sorglosen Studentenleben. Er hatte allerlei Affären um Liebe und Ehre, und erst Schiller selbst brachte es in einer ernsten Unterredung zuwege, ihn aus diesem Treiben herauszureißen und ihn zu bewegen, sein Fachstudium in Leipzig nochmals, und zwar gewissenhaft, zu beginnen. Doch die gefaßten Vorsätze währten nicht lange, und sowohl Novalis als auch sein Bruder Erasmus, der ihn nach Leipzig begleitet hatte, waren bald in Vergnügungen und Schulden verstrickt.

In diesen Monaten hatte er aber eine entscheidende Begegnung: er lernte den gleichaltrigen Friedrich Schlegel kennen, mit dem ihn bis zum Ende eine tiefe Freundschaft verband. Inzwischen waren die materiellen Bedrängnisse, und außerdem eine Liebesgeschichte, so quälend geworden, daß er glaubte, nur mehr eine völlige Änderung seines Lebens durch den Beginn der militärischen Laufbahn könne helfen. Der Vater verweigerte jedoch seine Zustimmung und schickte ihn mit nachdrücklichen Ermahnungen an die Universität Wittenberg, wo er dann auch in erstaunlich kurzer Zeit, in kaum mehr als einem Jahr, sein Studium abschloß.

1794 begann er seine Tätigkeit als Aktuarius im Kreisamt Tennestedt in Thüringen. Dienstreisen führten ihn in die nähere Umgebung, und in Grüningen lernte er Sophie von Kühn kennen, mit der er sich erst heimlich, dann offiziell verlobte. Die folgende Zeit war überreich an philosophischen Aufzeichnungen, die zum Teil später unter dem Titel ›Blütenstaub‹ im ›Athenäum‹ erschienen, bis der Tod Sophies am 19. März 1797 und, wenige Tage später, der Tod des Bruders Erasmus – beide starben an Lungentuberkulose – ihn zutiefst erschütterten. Damals begann er die

Niederschrift der ›Hymnen an die Nacht‹ und der ›Geistlichen Lieder‹, die aus dem Erleben dieser Schicksalsschläge entstanden sind.

Novalis zog sich aber nicht in eine weltabgewandte Selbstgenügsamkeit zurück, sondern besuchte die Bergakademie in Freiberg, um später in die Salinendirektion eintreten zu können. Und in Freiberg lernte er Julie von Charpentier kennen, mit der er sich 1798 verlobte. Im gleichen Jahr entstanden neben zahlreichen philosophischen Aufzeichnungen das Fragment ›Die Lehrlinge zu Sais‹, ein Jahr später ›Die Christenheit oder Europa‹, und auf die Anregung seines Freundes Ludwig Tieck die Romanteile des ›Heinrich von Ofterdingen‹, des Romans von der Sehnsucht nach der ›Blauen Blume‹, dem Symbol der Vollendung und Allvereinigung. Bald nach dem Eintreten in die Salinendirektion warf ihn ein heftiger tuberkulöser Hustenanfall nieder, von dem er sich nie mehr erholte. Die berühmtesten Ärzte wurden herangezogen, doch es half nichts mehr. Er starb am 25. März 1801, während sein Freund Friedrich Schlegel bei ihm war und sein Bruder Karl ihm auf dem Klavier vorspielte – »in unbeschreiblicher Heiterkeit«, wie Schlegel berichtet.

Novalis war der erste, der das romantische Lebensbild gestaltet hat, er gilt als der »Prophet der romantischen Schule«. Unter dem Einfluß von Friedrich Schiller (1756–1805) und seinem ›Aesthetischen Idealismus‹, von Johann Gottlieb Fichte (1762–1814), dem Begrün-

der des ›Deutschen Idealismus‹ und dem in der Nach-
folge Anthony Shaftesburys stehenden holländischen
Philosophen Tiberius Hemsterhuis (1685–1766) er-
wachte in ihm eine Anschauung, die auf ein tiefes All-
gefühl für die Welt, für die Natur, den Kosmos gegrün-
det ist. Er schreibt: »Wir stehen in Verhältnissen mit
allen Teilen des Universums, sowie mit Zukunft und
Vorzeit...« (Frag.) In einer Abkehr von systematischer
Darstellung öffnet Novalis den Weg zur unmittelbaren,
impulsiven Auseinandersetzung der Persönlichkeit mit
der Umwelt. Ihm gilt das gefühlsmäßige Erfassen einer
Erscheinung und ihrer Zusammenhänge mehr als be-
grifflich abgegrenzte Einordnung.

Dieser Durchbruch eines zu höchster Aufnahmefä-
higkeit erwachten »Ich«, welches das Leben in seiner
Vielgestalt umfaßt und imstande ist, in der unvollkom-
menen Natur das vollkommene Ziel zu sehen und ihm
nachzugehen, das ist ihm das Wesentliche. »Romanti-
sieren ist nichts als eine qualitative Potenzierung. Das
niedere Selbst wird mit einem besseren Selbst identifi-
ziert.« (Frag.) Im Anschluß an den ›Transzendentalen
Idealismus‹ Immanuel Kants (1724–1804), an seinen
aus dem »moralischen Sinn«, aus dem »kategorischen
Imperativ« entwickelten Weg zu Gott und in Annähe-
rung an die spätmittelalterliche Mystik Jakob Böhmes
kommt Novalis in eigener, stark gefühlsbestimmter
Schau zu dem Ergebnis, daß sich die Vernunft nur in
der Religion vollenden könne. Er selbst nennt seine
Lehre ›Magischer Idealismus‹.

Die Gedanken des Novalis waren von außerordent-
lich nachhaltiger Wirkung. Vorerst stand sein engster
Freund, Friedrich Schlegel (1772–1829), unmittelbar
unter ihrem Einfluß, bald darauf, vielfach durch Ver-
mittlung Schlegels, der romantische Philosoph Fried-
rich Schleiermacher (1768–1834), später Friedrich
Schelling (1775–1854). Damit ist die Verbindung mit
dem ›Deutschen Idealismus‹, dem Schelling als der
dritte große Vertreter angehört, gegeben. Wenn Novalis
einst Anregung vom jungen Fichte angenommen hatte,
so wirkte er später auf dessen genialsten Schüler und den
Vollender des ›Deutschen Idealismus‹ in entscheidender
Weise zurück. So ist Novalis aus der Entwicklung des
europäischen Geistes nicht wegzudenken. Er war einer
der großen, vielleicht sogar der bedeutendste Begründer
des Denkens und Fühlens der Romantik.

Gerade durch die Vielfalt seines Denkens und durch
die persönliche Eigenart seines intuitiven Vorstoßens
drang er mit erstaunlichem Spürsinn in damals noch
wenig erforschte Gebiete. Er nahm Feststellungen vor-
weg, die erst ein dreiviertel Jahrhundert später wissen-
schaftlich erforscht wurden und in das geistige Leben
einströmten. Liest man etwa seine psychologischen Un-
tersuchungen, seine Studien über die Wechselwirkung
zwischen Individuum und Umwelt, so hält man es für
unmöglich, im achtzehnten Jahrhundert zu stehen.

Diese Auswahl war bemüht, die Lebensschau und das
Lebensgefühl von Novalis in seinen wichtigsten Ge-
danken und reinsten Versen zu uns sprechen zu lassen,

wobei sämtliche Schriften, Tagebücher und Briefe durchgesehen wurden. Sie sammelt seine Anschauung über menschliche Beziehungen, über die Liebe, über das tägliche Leben, über die Kunst, über die Natur, über die Schöpfung, und sie will, frei von zeitgebundenen Zügen, jenen Novalis zeigen, dem Friedrich Schleiermacher die Worte widmete: »An ihm schauet die Kraft der Begeisterung und Besonnenheit. Er ist ein herrliches Beispiel, das ihr alle kennen sollt.«

Ludwig Tieck, der Novalis als »reinste Verkörperung eines hohen unsterblichen Geistes« bezeichnete, schrieb in der Einleitung zu der nach dem Tod seines Freundes von ihm veröffentlichten teilweisen Zusammenstellung der Werke: »Ein Buch der Erweckung und Andacht, ein Buch, das viele Bücher erst verständlich, wenn nicht gar unnütz macht.« Die Auswahl versucht, diesen Worten nachzukommen.

Wolfgang Kraus

Geleit
auf allen
Wegen

Weg zu sich selbst

Das Herz ist der Schlüssel der Welt und des Lebens.

Alles Gute kommt von innen her.

Wir müssen suchen, eine innere Welt zu schaffen.

Mensch werden ist eine Kunst.

Jede zur Besinnung gebrachte Eigenschaft, Handlungsweise, ist im eigentlichen Sinn eine neuentdeckte Welt.

Alles ist Samenkorn.

Jeder Mensch ist ohne Maß veränderlich.

Der Tiefsinn und der Wille haben keine Grenzen.

Das echte Gemüt ist wie das Licht, ebenso ruhig und empfindlich, ebenso mächtig und ebenso unmerklich wirksam als dieses köstliche Element, das auf alle Gegenstände sich mit seiner Abgemessenheit verteilt und sie alle in Mannigfaltigkeit erscheinen läßt.

Es ist eine Kraft in uns, die allem trotzt und uns mit jedem widrigen Schicksal versöhnt.

Alle Zufälle unseres Lebens sind Materialien, aus denen wir machen können, was wir wollen. Wer viel Geist hat, macht viel aus seinem Leben. Jede Bekanntschaft, jeder Vorfall wäre für den durchaus Geistigen erstes Glied einer unendlichen Reihe.

Schicksal und sich schicken scheint mir nicht ohne Bedeutung nahe verwandt. Wie wir uns schicken, so ist unser Schicksal.

Es gibt nur eine Ursache des Übels – die allgemeine Schwäche.

Das Leben soll kein uns gegebener, sondern ein von uns gemachter Roman sein.

Man muß alle seine Kräfte üben und regelmäßig ausbilden – die Einbildungskraft – wie den Verstand – die Urteilskraft.

Alle Zerstreuung schwächt. Durch fremde Gegenstände, die mich reizen ohne mich zu befriedigen, werde ich zerstreut. Mir ist deshalb die Zerstreuung zuwider, weil sie mich entkräftet.
Es ist Trägheit, was uns an peinliche Zustände kettet.

Der erste Schritt wird Blick nach Innen, absondernde Beschauung unseres Selbst. Wer hier stehen bleibt, gerät nur halb. Der zweite Schritt muß wirksamer Blick nach Außen sein.

Alle wahren Verbesserungen sind moralische Verbesserungen, alle wahren Empfindungen moralische Erfindungen, Fortschritte.

Jede durch Nachdenken zu einem Weltbild umgearbeitete Neigung und Fertigkeit wird zu einer Erscheinung, zu einer Verwandlung des Gewissens.

Das Gewissen ist der Menschen eigenstes Wesen in voller Verklärung.

Indem man das Gewissen begreift, entsteht es.

Ohne moralische Empfindung ist der Mensch sittlich tot, und wenn die sittliche Lebenskraft keinen Reiz mehr auf dies Gefühl bewirken könnte, so würde sich die Menschheit in bloße Tierheit auflösen.

Das Gewissen vertritt die Stelle Gottes auf Erden.

Der Mensch besteht in der Wahrheit. Gibt er die Wahrheit preis, so gibt er sich selbst preis. Wer die Wahrheit verrät, verrät sich selbst.

Unwahrheit hat von einem höheren Gesichtspunkte noch eine viel schlimmere Seite, als die gewöhnliche. Sie ist der Grund einer falschen Welt, Grund einer unauflöslichen Kette von Verirrungen und Verwicklungen. Unwahrheit ist die Quelle alles Bösen und Üblen. Eine Unwahrheit gebiert unzählige. Eine absolut gesetzte Unwahrheit ist so unendlich schwer auszurotten.

Der Geist der Tugend ist das allzündende, allbelebende Licht innerhalb der irdischen Umfassung. Vom Sternhimmel, diesem erhabenen Dom des Steinreichs, bis zu dem krausen Teppich einer bunten Wiese wird alles durch ihn erhalten, durch ihn mit uns verknüpft und uns verständlich gemacht und durch ihn die unbekannte Bahn der unendlichen Naturgeschichte bis zur Verklärung fortgeleitet.

Es gibt nur eine Tugend – den reinen, ernsten Willen, der im Augenblick der Entscheidung unmittelbar sich entschließt und wählt.

Man muß die Wahrheit überall vergegenwärtigen, überall repräsentieren können.

Schönheit und Sittlichkeit sind fast wie Licht und Wärme in der Welt.

Philosophieren ist eine eigentliche Selbstoffenbarung, eine Erregung des wirklichen Ich durch das idealische Ich.

Philosophieren ist der Grund aller andern Offenbarungen. Der Entschluß zu philosophieren, ist eine Aufforderung an das wirkliche Ich, daß es sich besinnen, erwachen und Geist sein solle.

Wer zur Kenntnis der Natur gelangen will, übe seinen sittlichen Sinn, handle und bilde dem edlen Kerne seines Innern gemäß, und wie von selbst wird die Natur sich vor ihm öffnen.

Sittliches Handeln ist jener große und einzige Versuch, in welchem alle Rätsel der mannigfaltigsten Erscheinungen sich lösen. Wer ihn versteht, und in strengen Gedankenfolgen ihn zu zerlegen weiß, ist ewiger Meister der Natur.

Die Philosophie ist eigentlich Heimweh, ein Trieb, überall zu Hause zu sein.

Je unermeßlicher und mannigfacher der Horizont des Bewußtseins wird, desto mehr verschwindet die individuelle Größe und desto merklicher wächst, desto offenbarer wird die geistige Vernunftgröße des Menschen.

Philosophieren ist nur ein dreifaches oder doppeltes Wachen – Wachsein – Bewußtsein.

Das echte Prinzip der wahren Philosophie muß das gesundheitmachende, frei, heiter und jung – mächtig, klug und gut machende Prinzip sein.

Indem wir uns selbst betrachten, beleben wir uns selbst.

Durch unaufhörliches freies Nachdenken muß man sich begeistern. Hat man gar keine Zeit zum Überschauen, zum freien Meditieren, zum ruhigen Durchlaufen und Betrachten in verschiedenen Stimmungen, so schläft selbst die fruchtbarste Phantasie ein, und die innere Mannigfaltigkeit hört auf.

So wie man einen künftigen Maler in dem Knaben sieht, der alle Wände und jeden ebenen Sand mit Zeichnungen füllt und Farben zu Figuren bunt verknüpft, so sieht man einen künftigen Weltweisen in jenem, der allen natürlichen Dingen ohne Rast nachspürt, nachfrägt, auf alles achtet, jedes Merkwürdige zusammenträgt und froh ist, wenn er einer neuen Erscheinung, einer neuen Kraft und Kenntnis Meister und Besitzer geworden ist.

Die Philosophie kann kein Brot backen, aber sie kann uns Gott, Freiheit und Unsterblichkeit verschaffen.

Die Möglichkeit der Philosophie beruht auf der Möglichkeit, Gedanken nach Regeln hervorzubringen, wahrhaft gemeinschaftlich zu denken.

Auf Vergleichen, Gleichen läßt sich wohl alles Erkennen, Wissen zurückführen.

Wer weiß, was Philosophieren ist, weiß auch, was Leben ist, und umgekehrt.

Ohne Philosophie bleibt der Mensch in seinen wesentlichsten Kräften uneins.

Man suchte ein allvermögendes Organ in der Philosophie – magischer Idealismus.

Prinzip meiner Philosophie ist mein Ich.

Das Ich ist nichts anderes, als Wollen und Vorstellen.

Die Welt hat eine ursprüngliche Fähigkeit, durch mich belebt zu werden.
Sie ist überhaupt a priori von mir belebt – eins mit mir.

Ist denn das Weltall nicht in uns?

Wir schaffen eine Welt aus uns heraus und werden damit immer freier ...
Wir sind auf einer Mission: zur Bildung der Erde sind wir berufen.

In der Welt suchen wir den Entwurf: dieser Entwurf sind wir selbst.

Ich bestimme die Welt, indem ich mich selbst be-
stimme.

Wir werden die Welt verstehen, wenn wir uns selbst
verstehen.

Das Bekannte, worauf der Philosoph alles reduzieren
und wovon er ausgehen soll, muß das Urbekannte, das
absolut Bekannte sein. Alles Vollkommene ist uns na-
türlich und absolut bekannt.

Nichts ist dem Geist erreichbarer als das Unendliche.

Der Mensch vermag in jedem Augenblicke ein über-
sinnliches Wesen zu sein. Ohne dies wäre er nicht
Weltbürger, er wäre ein Tier.

Die individuelle Seele soll mit der Weltseele überein-
stimmend werden.

Das Individuum lebt im Ganzen und das Ganze im
Individuum.

Wir stehen in Verhältnissen mit allen Teilen des Univer-
sums, sowie mit Zukunft und Vorzeit.
Es hängt nur von der Richtung und Dauer unserer
Aufmerksamkeit ab, welches Verhältnis wir vorzüglich
ausbilden wollen, welches für uns vorzüglich wichtig
und wirksam werden soll.

Wir sollen nicht bloß Menschen, wir sollen auch mehr als Menschen sein. Oder Mensch ist überhaupt soviel als Universum.

Der Philosoph übersetzt die wirkliche Welt in die Gedankenwelt und umgekehrt.

Das Maximum eines Philosophen: wenn er alle Philosophien in eine einzige Philosophie vereinigt.

Man studiert fremde Systeme, um sein eigenes System zu finden. Ein fremdes System ist der Reiz zu einem eigenen.

Die Welt ist die Summe des Vergangenen.

Nur der rückwärts gekehrte Blick bringt vorwärts.

Keiner irrt gewiß weiter ab vom Ziele, als wer sich selbst einbildet, er kenne schon das seltsame Reich der Natur und wisse mit wenigen Worten seine Verfassung zu ergründen und überall den rechten Weg zu finden.

Alle Methode ist Rhythmus: hat man den Rhythmus der Welt weg, so hat man auch die Welt weg. Jeder Mensch hat seinen individuellen Rhythmus. Rhythmischer Sinn ist Genie.

Einem gelang es – er hob den Schleier der Göttin zu Sais. – Aber was sah er? Er sah – Wunder des Wunders – sich selbst.

Der Mensch ist eine Analogienquelle für das Weltall.

Selbstbewußtsein im größeren Sinn ist eine Aufgabe, ein Ideal.

Wo es ein Sein gibt, muß es auch ein Erkennen geben.

Ich unterscheide so viel Erkenntniskräfte in mir, als es wirkende Kräfte dort gibt.

Wer kennt die Welt? – Wer sich selbst kennt.

Wie kann ein Mensch Sinn für etwas haben, wenn er nicht den Keim davon in sich hat? Was ich verstehen soll, muß sich in mir organisch entwickeln; und was ich zu lernen scheine, ist nur Nahrung des Organismus.

Der Geist führt einen ewigen Selbstbeweis.

Alles Leben ist ein überschwenglicher Erneuerungsprozeß.

Die höhere Philosophie behandelt die Ehe von Natur und Geist.

In allem Wissen ist Glauben.

Der Lehrling darf noch nicht räsonieren. Erst muß er mechanisch fertig werden, dann kann er anfangen nachzudenken und nach Einsicht und Anordnung des Gelernten streben. Das voreilige Denken hält mehr auf, als daß es befördert.

Die vollendete Spekulation führt zur Natur zurück.

Wer sich nicht vornimmt, das Denken ganz durchzuführen und es beständig fortzutreiben, der tut sich nur mehr Schaden damit.

Die Kunst des ruhigen Beschauens, der schöpferischen Weltbetrachtung ist schwer; unaufhörliches ernstes Nachdenken und strenge Nüchternheit fordert die Ausführung, und die Belohnung wird kein Beifall der mühescheuenden Zeitgenossen, sondern nur eine Freude des Wissens und Wachens, eine innigere Berührung des Universums sein.

Die ursprünglich günstige Anlage eines natürlichen Gemüts muß durch unablässigen Fleiß von Jugend auf, durch Einsamkeit und Stillschweigen, weil vieles Reden sich nicht mit der steten Aufmerksamkeit verträgt, durch kindliches, bescheidenes Wesen und unermüdliche Geduld unterstützt und ausgebildet sein.

Es gehört sonntägliche Energie dazu, um sich selbst genug zu sein, um nicht in der Welt der Sinne, sondern in der Welt der Ideen einheimisch zu sein.

Der echte philosophische Akt ist Selbsttötung; dies ist der reale Anfang aller Philosophie, dahin geht alles Bedürfnis des philosophischen Jüngers, und nur dieser Akt entspricht allen Bedingungen und Merkmalen der transzendenten Handlung.

Alle Befriedigung ist Selbstauflösung.

Die höchsten Aufgaben beschäftigen den Menschen am frühesten.

Äußerst lebhaft fühlt der Mensch beim ersten Nachdenken das Bedürfnis, die höchsten Enden zu vereinigen. Mit steigender Kultur nehmen seine Versuche an Genialität ab, aber sie nehmen an Brauchbarkeit zu; wodurch er zu dem Irrtum verleitet wird, gänzlich von den Endgliedern zu abstrahieren und sein Verdienst bloß in Vereinigung näherer bedingter Glieder zu setzen. Es kann aber nicht fehlen, daß er bald die notwendige Mangelhaftigkeit dieser Methode bemerkt und sich nach der Möglichkeit umsieht, die Vorteile der ersten Methode mit den Vorteilen der zweiten Methode zu verbinden und so beide zu ergänzen.

Jetzt fällt ihm endlich ein, in sich selbst als absolutem Mittelpunkt dieser getrennten Welten das absolute Vereinigungsglied aufzusuchen – er sieht auf einmal, daß das Problem schon durch seine Existenz gelöst ist und das Bewußtsein der Gesetze seiner Existenz die Wissenschaft sei, die er so lange schon suche.

Mit der Entdeckung dieses Bewußtseins ist das große Rätsel im Grunde gelöst.

So wie sein Leben reale Philosophie ist, so ist seine Philosophie reales Leben, lebendige Theorie des Lebens. Aus zufälligen Tatsachen werden systematische Experimente. Sein Weg ist ihm nun auf Ewigkeiten vorgezeichnet. Seine Beschäftigung ist Erweiterung seines Daseins in die Unendlichkeit, der Traum seiner Jugend ist zu einer schönen Wirklichkeit, seine früheren Hoffnungen und Ahnungen sind zu symbolischen Prophezeiungen geworden. Der scheinbare Widerspruch der ursprünglichen Aufgabe – der Aufgaben Lösung und Nichtlösung zugleich – ist vollkommen gehoben.

Jedes Willkürliche, Zufällige, Individuelle kann unser Weltorgan werden. Ein Gesicht, ein Stern, eine Gegend, ein alter Baum kann Epoche in unserem Innern machen.

Das Leben ist etwas wie Farben, Töne und Kraft. Der Romantiker studiert das Leben, wie der Maler, Musiker und Mechaniker Farbe, Ton und Kraft. Sorgfältiges Studium des Lebens macht den Romantiker, wie sorgfältiges Studium von Farbe, Gestaltung, Ton und Kraft den Maler, Musiker und Mechaniker.

Die Welt muß romantisiert werden. So findet man den ursprünglichen Sinn wieder. Romantisieren ist nichts als eine qualitative Potenzierung. Indem ich dem Gemeinen einen hohen Sinn, dem Gewöhnlichen ein geheimnisvolles Ansehen, dem Bekannten die Würde des Unbekannten, dem Endlichen einen unendlichen Schein gebe, so romantisiere ich es.

Die Poesie ist das echt absolut Reelle. Dies ist der Kern meiner Philosophie. Je poetischer, je wahrer.

Jede Wissenschaft ist vielleicht nur eine Variation der Philosophie. Die Philosophie ist gleichsam die Substanz der Wissenschaft, die überall gesucht wird, überall vorhanden ist und nie dem Sucher erscheint. Dennoch soll sie auch in konkreter Gestalt erscheinen, wie der Stein der Weisen.

Das beste an den Wissenschaften ist ihr philosophisches Ingrediens, wie das Leben am organischen Körper. Man dephilosophiere die Wissenschaften: was bleibt übrig? Erde, Luft und Wasser.

Mich dünkt, ich sehe zwei Wege, um zur Wissenschaft der menschlichen Geschichte zu gelangen. Der eine, mühsam und unabsehlich, mit unzähligen Krümmungen, der Weg der Erfahrung; der andere, fast ein Sprung nur, der Weg der inneren Betrachtung.
Der Wanderer des ersten muß eins aus dem andern in

einer langwierigen Rechnung finden, wenn der andere die Natur jeder Begebenheit und jeder Sache gleich unmittelbar anschaut und sie in ihrem lebendigen, mannigfaltigen Zusammenhange betrachten und leicht mit allen übrigen, wie Figuren auf einer Tafel, vergleichen kann.

Das Genie überhaupt ist poetisch. Wo das Genie gewirkt hat – hat es poetisch gewirkt.

Genie ist vielleicht nichts als Resultat eines innern Plurals.

Hüte dich über die Mittel nicht den Zweck zu verlieren, den reinen Charakter der Menschheit.

Ein echtes Gesetz kann ich nur insofern erkennen, verstehn, als ich danach handle.

Um eine Sache vollständig zu empfinden und kennenzulernen, müßte ich sie zu meinem Sinn und Gegenstand machen.

Es ist doch keine größere Freude, als alles zu verstehen, überall zu Hause zu sein, von allem Bescheid zu wissen, überall sich helfen zu können. Will man dann auch überall das Rechte, sucht man überall guten, lebendigen Willen zu erregen, zu erhalten und alles zu einer schönen Absicht zu erheben, so kann man sich getrost für einen musterhaften Menschen halten und sich herzlich lieb haben und verehren.

Nur durch meine Tätigkeit ist ein Sein für mich möglich. Ich rücke gleichsam meine Grenze vorwärts, ich gewinne etwas.

Auch der Zufall ist nicht unergründlich, er hat seine Regelmäßigkeit.

Ein deutlicher Kopf wird der sein, der ein Ganzes als solches und in seinen Teilen mit der gehörigen Stärke zugleich faßt und betrachtet und leicht für sich und andere den einfachsten Ausdruck komplizierter Verhältnisse findet.

Irrtum ist das notwendige Instrument der Wahrheit. Mit dem Irrtum mach' ich Wahrheit; vollständiger Gebrauch des Irrtums – vollständiger Besitz der Wahrheit.

Unser sämtliches Wahrnehmungsvermögen gleicht dem Auge. Die Objekte müssen durch entgegengesetzte Media durch, um richtig auf der Pupille zu erscheinen.

Wir wissen nur, insoweit wir handeln.

Alles Unwillkürliche soll in ein Willkürliches verwandelt werden.

Wir wissen etwas nur, insofern wir es ausdrücken kön-
nen.

Wille ist nichts als magisches, kräftiges Denkvermögen.

Ursprünglich ist Wissen und Tun vermischt, dann tren-
nen sie sich, und am Ziel sollen sie wieder vereinigt,
harmonisch, aber nicht vermischt sein.

Um das Ich zu bestimmen, müssen wir es auf etwas
beziehen.

Jeder Sinn fängt mit Begriff an und schreitet zum Urteil
fort.

Der Unterschied zwischen Wahn und Wahrheit liegt in
der Differenz ihrer Lebensfunktionen. Der Wahn lebt
von der Wahrheit; die Wahrheit hat ihr Leben in sich.
Man vernichtet den Wahn, wie man Krankheiten ver-
nichtet, und der Wahn ist also nichts als logische Ent-
zündung oder Verlöschung, Schwärmerei oder Phili-
sterei.

Der Sitz der Seele ist da, wo sich Innenwelt und Außen-
welt berühren.

Der Körper soll Seele, die Seele Körper werden, eins
durch das andere – dadurch gewinnen beide.

Der Raum geht in die Zeit wie der Körper in die Seele über.

Jedes wahre Gesetz ist mein Gesetz – sagen und aufstellen mag es, wer es will.

Ein unwirksames Gesetz ist kein Gesetz. Gesetz ist ein kausaler Begriff, Mischung von Kraft und Gedanken.

Klarer Verstand mit warmer Phantasie verschwistert ist die echte, Gesundheit bringende Seelenkost.

Ein Begeisterter äußert sein höheres Leben in allen seinen Funktionen; also philosophiert er auch, und zwar lebhafter als gewöhnlich.

Je unwissender man von Natur ist, desto mehr Kapazität für das Wissen. Jede neue Erkenntnis macht einen viel tieferen, lebendigeren Eindruck. Daher verliert man durch zu vieles Studieren an Kapazität. Man ist nicht imstande, die Masse zu durchdringen und sie in bestimmter Gestalt vollkommen zu beleben: die plastische Kraft reicht nicht zu. So wird der Erfindungsgeist junger Köpfe und der Schwärmer, sowie der glückliche Griff des geistvollen Anfängers oder Laien leicht erklärbar.

Ein Autodidakt hat, bei allen Lücken und Unvollkommenheiten seines Wissens, die aus der Art seines Stu-

dierens notwendig entstehen, dennoch den großen
Vorteil, daß jede neue Idee, die er sich zu eigen macht,
sogleich in die Gemeinschaft seiner Kenntnisse und
Ideen tritt und sich mit dem Ganzen auf das innigste
vermischt, welches dann Gelegenheit zu originellen
Verbindungen und mannigfaltigen neuen Entdeckun-
gen gibt.

Die Verworrenen haben am Anfang mit mächtigen
Hindernissen zu kämpfen, sie dringen nur langsam ein,
sie lernen mit Mühe arbeiten: dann aber sind sie auch
Herren und Meister auf immer. Der Geordnete kommt
geschwind hinein, aber auch geschwind heraus. Er er-
reicht bald die zweite Stufe: aber da bleibt er auch
gewöhnlich stehen. Verworrenheit deutet auf Überfluß
an Kraft und Vermögen, aber mangelhafte Verhält-
nisse; Bestimmtheit auf richtige Verhältnisse, aber
sparsames Vermögen und Kraft. Daher ist der Verwor-
rene so progressiv, während der Ordentliche so früh als
Philister aufhört. Ordnung und Bestimmtheit allein ist
nicht Deutlichkeit. Durch Selbstbearbeitung kommt
der Verworrene zu jener himmlischen Durchsichtig-
keit, zu jener Selbsterleuchtung, die der Geordnete so
selten erreicht. Das wahre Genie verbindet diese Ex-
treme. Es teilt die Geschwindigkeit mit dem letzten
und die Fülle mit dem ersten.

Die Zeit läßt sich nicht bestimmen, wie bald einer ihrer
Geheimnisse teilhaftig wird. Manche Beglückte gelan-

gen früher, manche erst im hohen Alter dazu. Ein wahrer Forscher wird nie alt, jeder ewige Trieb ist außer dem Gebiet der Lebenszeit, und je mehr die äußere Hülle verwittert, desto heller und mächtiger wird der Kern.

Es ist ein starker Beweis, wie weit wir schon sind, daß wir so verächtlich von unseren Fortschritten, von unserer Stufe denken.

Es ist nicht das Wissen allein, was uns glücklich macht, es ist die Qualität des Wissens, die subjektive Beschaffenheit des Wissens. Vollkommenes Wissen ist Überzeugung; und sie ists, die uns glücklich macht und befriedigt.

Je ruhiger der Geist sein will, je regsamer, desto mehr muß er den Körper zu gleicher Zeit auf eine geringfügige Weise zu beschäftigen suchen.

Der Grund aller Verkehrtheit in Gesinnungen und Meinungen ist – Verwechslung des Zwecks mit dem Mittel.

Unser Alltagsleben besteht aus lauter erhaltenden, immer wiederkehrenden Verrichtungen. Dieser Zirkel von Gewohnheiten ist nur Mittel zu einem Hauptmittel...

Je abhängiger vom Zufall und von Umständen, desto weniger bestimmten, ausgebildeten, angewandten Willen – je mehr dies, je unabhängiger dort.

Bedürfnis verrät immer Schwäche.

Grober Eigennutz ist das notwendige Resultat armseliger Beschränktheit. Die gegenwärtige Sensation ist die lebhafteste, die höchste eines Jämmerlings.

Bosheit ist nichts als eine Gemütskrankheit.

Vielleicht ist es nur krankhafte Anlage der späteren Menschen, wenn sie das Vermögen verlieren, die zerstreuten Farben ihres Geistes wieder zu mischen und nach Belieben den alten einfachen Naturstand herzustellen.

Ich vernichte das Böse und Übel durch Philosophieren.

Wahrhaft aufgelöst wird ein Problem, wenn es als solches vernichtet wird.

Das Angenehme befördert unsere Kraft – das Unangenehme hemmt sie.

Keine Tätigkeit schafft etwas Neues, sondern sie verknüpft nur das Seiende zu gegenseitiger Wirksamkeit.

Wovon man spricht, das hat man nicht.

Ein Charakter ist ein vollkommen gebildeter Willen.

Mit der richtigen Bildung unseres Willens geht auch die
Bildung unseres Könnens und Wissens. Je sündiger
man sich fühlt, desto christlicher ist man.

Jede Bedrängnis der Natur ist eine Erinnerung höherer
Heimat, einer höheren, verwandteren Natur.

Jede Krankheit, jede Verletzung sollte benutzt werden
können zu einem großen Zweck.

Krankheiten, besonders langwierige, sind Lehrjahre
der Lebenskunst und der Gemütsbildung.

Gewiß ists, daß der Mensch selbst Seelenkrankheiten
Herr werden kann, und dies beweist unsere Moralität,
unser Gewissen, unser unabhängiges Ich. Selbst in See-
lenkrankheiten kann der Mensch außerhalb sein und
beobachten und gegenexperimentieren. Es ist freilich
oft sehr schwer – den Sensibelsten am schwersten.

Gerade wegen der Einfachheit ihrer Grundgesetze ist
die Moral so schwierig in der Praxis.

Sittliches Gefühl ist Gefühl des absolut schöpferischen
Vermögens, der produktiven Freiheit.

Wir können nicht eher sagen, ein Mensch ist wirklich moralisch, als bis er moralisch handelt.

Jede Verbesserung unvollkommener Konstitutionen läuft darauf hinaus, daß man sie der Liebe fähiger macht.

Wenn man etwas Bestimmtes tun und erreichen will, so muß man sich auch provisorische bestimmte Grenzen setzen.

Nie darf der Mensch wie ein Phantast etwas Unbestimmtes suchen. Er gehe nur von bestimmter Aufgabe zu bestimmter Aufgabe fort. Eine unbekannte Geliebte hat freilich einen magischen Reiz. Das Streben nach dem Unbekannten, Unbestimmten ist äußerst gefährlich und nachteilig. Offenbarungen lassen sich nicht mit Gewalt erzwingen.

Auf alles, was der Mensch vornimmt, muß er seine ungeteilte Aufmerksamkeit oder sein Ich richten.

Wer nicht vorsätzlich, nach Plan und mit Aufmerksamkeit tätig sein kann, verrät Schwäche.

Neigungen zu haben und sie zu beherrschen, ist rühmlicher als Neigungen zu meiden.

Alles muß ein Mittel werden, Kunst aus allem Leben zu ziehn. Alles zu beleben, ist der Zweck des Lebens.

Auch Geschäftsarbeiten kann man poetisch behandeln. Es gehört ein tiefes, poetisches Nachdenken dazu, um diese Verwandlung vorzunehmen.

Jedes Geschäft muß künstlerisch behandelt werden, wenn es sicher und dauernd und durchaus zweckmäßig gelingen soll.

Glück ist Talent für das Schicksal.

Ein Mensch kann alles dadurch adeln, seiner würdig machen, daß er es will.

Kann man's über sich gewinnen der Überall und Nirgends zu sein, so ist man der glücklichste Mensch.

Unschuld ist moralischer Instinkt. Tugend ist die Prosa, Unschuld die Poesie. Die Tugend soll wieder verschwinden und Unschuld werden.

Echte Unschuld geht, so wenig wie echtes Leben, verloren.

Unschuld und Unwissenheit sind Schwestern. Es gibt aber edle und gemeine Schwestern. Die gemeine Unschuld und Unwissenheit sind sterblich. Es sind hübsche Gesichterchen, aber ohne alle Bedeutung und nicht dauerhaft. Die edlen Schwestern sind unsterblich. Ihre hohe Gestalt ist unveränderlich, und ewig leuchtet ihr Antlitz vom Tage des Paradieses. Beide wohnen im Himmel und besuchen nur die Edelsten und Geprüftesten.

Die schöne Blüte der Jugend: Glauben und Liebe.

Die Herzensergießungen des Jünglings darf der Mann, aber nicht der Jüngling zeigen.

Alles, was uns umgibt, die täglichen Vorfälle, die gewöhnlichen Verhältnisse, die Gewohnheiten unserer Lebensart, haben einen ununterbrochenen, eben darum unbemerkbaren, aber höchst wichtigen Einfluß auf uns.

Nur das Unvollständige kann begriffen werden, kann uns weiterführen. Das Vollständige wird nur genossen.

Je bunteres Leben, desto besser.

Die meisten Menschen, die meisten Gelehrten mitgerechnet, haben auch nur eine Buchansicht, eine fragmentarische Ansicht der wirklichen Welt.

Ganz begreifen werden wir uns nie, aber wir werden und können uns weit mehr als begreifen.

Wir tragen die Lasten unserer Väter, wie wir ihr Gutes empfangen haben, und so leben die Menschen in der Tat in der ganzen Vergangenheit und Zukunft und nirgends weniger als in der Gegenwart.

Ein unschätzbares Geschenk: süße Hoffnung.

Geduld und Glauben ziemt den Menschenkindern.

Nicht ganz das sein zu dürfen, was man von Natur ist, das ist die Quelle unseres Mißbehagens auf diesem Planeten.

Allemal folgt die höchste Ruhe auf unruhige Momente.

Je ängstlicher die Träume – desto näher die erquickende Frühe.

Je schwächer der Mensch, desto mächtiger, ahnungs-voller und behaglicher dünkt ihm ein leidenschaftlicher Zustand. Es ist ihm genug, daß er geweckt und gerührt wird – was ihn weckt und rührt ist ihm einerlei – er ist noch nicht gebildet genug, um irgendeine Wahl zu treffen und die erregenden Gegenstände zu ordnen und zu unterscheiden, oder gar manchem seine Aufmerk-samkeit und Teilnahme zu versagen.

Weisheit ist Harmonie.

Jeder ist entsprossen aus einem uralten Königsstamm. Aber wie wenige tragen noch das Gepräge dieser Abkunft?

Mit der Einfachheit wächst der Reichtum.

Das Höchste ist das Verständlichste, das Nächste das Unentbehrlichste.

Es können goldne Zeiten erscheinen, aber sie bringen nicht das Ende der Dinge. Das Ziel des Menschen ist nicht die goldne Zeit.

Die innere Welt ist gleichsam mehr mein als die äußere. Sie ist so innig, so heimlich. Man möchte ganz in ihr leben. Schade, daß sie so traumhaft, so ungewiß ist. Muß denn gerade das Beste, das Wahrste so scheinbar, und das Scheinbare so wahr aussehn?

Der größte Teil unseres Körpers, unserer Menschheit selbst, schläft noch tiefen Schlummer.

Nach innen geht der geheimnisvolle Weg. In uns, oder nirgends ist die Ewigkeit mit ihren Welten, die Vergangenheit und Zukunft.

Tröstlicher Rat

An keine Lebensart ist das menschliche Wohlbefinden gebunden – aus deinem Herzen kann ich dir gutes Wetter und guten Weg prophezeien... Mit einem Kompaß orientiert man sich auf allen Meeren – mit gesunder, praktischer Denkungsart, ohne viele Weitläufigkeit und Subtilitäten, kommt man durch die ganze Welt.

Niemals verdirbt jemand mit fröhlichem Herzen.

Ein fröhliches Herz ersetzt alle Gesellschaft.

Wir können alles aus uns selbst herausbilden, und nichts von innerlicher Beständigkeit und Zufriedenheit ist an eine äußere Stelle gebunden. Man hat Langeweile, Überdruß, findet Unbedeutendheit und Leerheit, martert sich mit kränkelnder Empfindung und Phantasie ebensogut in der glänzendsten Laufbahn als im beschränktesten Zirkel. Alle Begriffe von Beschränktheit und Umfang, Unbedeutendheit und Leerheit und Wichtigkeit und Befriedigung sind höchst relativ. Der Lebensgenuß findet sich überall bei gesunden Kräften der Seele. Wichtig kann uns der Raum einer Nußschale werden, wenn wir selbst Fülle des Daseins mitbringen.

Ich will deswegen nicht behaupten, daß man alle ehrgeizigen Neigungen diesen Ideen unterordnen soll; aber der Charakter unseres Lebens, der deutliche Fingerzeig unseres Schicksals, Zwecke, die mit unserem Wesen innig verwebt sind, und treue Untersuchung dessen, wozu uns unsere Organisation und alle Umstände und Verhältnisse der Außenwelt zu bestimmen scheinen, können und müssen allein unserer Wahl Richtung, unseren Aussichten Grenzen, unserer Gedankenwelt Anordnung und Bestimmung geben.

Auch mein und fast der meisten Lieblingsfehler ist, alles in eins und eins in allem haben zu wollen. Wir suchen alle mehr, als wir für unsere Bedürfnisse notwendig brauchen und wünschen gern alle Bedürfnisse und alles, was zur Befriedigung aller dieser Bedürfnisse gehört, in uns zu sammeln. Wir sehen dann oft den Wald vor lauter Bäumen nicht, oder streben nach etwas, das wir nicht anschaulich, sondern nur begriffsweise begehren, und verfehlen dadurch den leisen Wink, den uns die Natur gab.

Untersuche dich selbst, bitte ich, und sage dir dann selbst aufrichtig, ob viele Dinge, die du wünscht und die dir Sorgen und Pein machen, wirklich so vorhanden sind, und ob du sie auch wirklich nötig bedarfst oder sie wesentlich entbehrst! Folge der Natur nur mehr und trenne alles von dir ab, was nicht Natur ist!

Ich habe gefunden, daß der unbehaglichen Sehnsucht nach einem anderen Zustande und der Unzufriedenheit mit unserem jetzigen allemal Eingeschränktheit, Un-

wissenheit und Schwäche zugrunde liegen. Die Natur
führt uns wahrlich am sichersten und leichtesten, nur
das ist schwer zu unterscheiden, was Natur ist, und was
sie nicht ist. Um dies zu erfahren, kann ich dir nichts
Besseres empfehlen, als sorgfältige Untersuchung des-
sen, was du wirlich bist und nicht bist. Ungeduldig
mußt du freilich nicht hierbei sein; denn selbst dieser
anscheinend langsame Gang unserer Bildung und Ent-
wicklung ist Gang der Natur. Ihr getreulich folgen, nie
ungeduldig zu sein, immer das Gute anzuerkennen,
was wir haben, und nicht von der kranken Empfindung
und Phantasie Parallelen ziehen zu lassen, die höchst
unnütz, schädlich und unwahr sind, nicht zu raffinie-
ren auf Empfindung oder Situation, nichts unterdrük-
ken, was gesundes, wahres Gefühl ist, unbefangen sich
und seine trüben Launen beurteilen, tätig der Natur
entgegenzukommen und sich vor jeder Überspannung
in acht zu nehmen.
Der Augenblick erschöpft nicht das Universum, die
Gegenwart befängt nicht unser ganzes Dasein, wenn
wir nicht wollen.

Je mehr man lernt, nicht mehr in Augenblicken, son-
dern in Jahren zu leben, desto edler wird man. Die
hastige Unruhe, das kleinliche Treiben des Geistes, geht
in große, ruhige, einfache und vielumfassende Tätigkeit
über, und die herrliche Geduld findet sich ein.

Reine Willenskraft, ohne alles Gewühl von raffinierten Gefühlen, ist das, wodurch wir einzig leben und handeln können. Sie ists, wodurch wir gesund sind und werden. Denn gewiß nur die Harmonie unserer Kräfte, die nur durch sie möglich ist, macht uns zu wahren Menschen, zu echten Wesen in der Reihe der Dinge und dem wunderbaren Zusammenhang der moralischen und physischen Welt.

Wo kranke Phantasie, da ist auch kranke Empfindung und kranker Verstand. Eins wird durch das andre gesund. So wirkt auch Gesundheit des Körpers und der Seele ineinander, obgleich nie oder höchst selten Krankheit des Körpers wesentlich nachteiligen Einfluß auf das Gemüt haben kann, wenn reine, feste, ewige Willenskraft da ist. Doch es ist genug; du selber wirst dir dies alles anschaulicher machen können, und mußt es, wenn es nicht für dich unwahr sein soll und umsonst. Kein Mensch gibt mehr, als er weiß und als er darstellen kann. Bei der Verschiedenheit jedes Charakters kommt überdem bei dem andern vieles in Anschlag, was ich übersehe und mir nicht eigentümlich ist. Daher muß jeder Mensch seine Philosophie aus sich selbst heraus bilden. Durch treue Anschauung wahrer Darstellungen anderer Seelen kann nur sein Beobachtungsgeist geweckt, seine Aufmerksamkeit geschärft und seine Tatkraft rege gemacht werden. Ich empfehle dir also alles zu eigenem Nachdenken ...

Nachdenken – es enthält eine unerschöpfliche Quelle
von Trost und Beruhigung.

Mit der Bildung und Fertigkeit des Denkers wächst die
Freiheit.

Opfere dich deiner Phantasie nicht auf. Laß keine äuße-
ren Dinge die inneren Saiten deines Herzens verstim-
men.

Daß jede Sache zwei Seiten hat, ist ein abgedroschener
Gemeinplatz, der aber gleich Leben und Neuheit ge-
winnt, wenn man mit ihm jeden Schritt im alltäglichen
Leben mißt und seine Anschaulichkeit bis zu einer Art
von Instinkt der Urteilskraft erhöht.

Stilles Zurücktreten in sich selbst, leise Abwägung der
mancherlei Verhältnisse des menschlichen Lebens und
eine Bescheidenheit, die man fast nicht zu weit treiben
kann, sowohl im innern als äußern Leben, sind einige
Hauptingredienzen der wahrsten, anschaulichsten Phi-
losophie des Lebens, deren vorteilhaften Einfluß man
fast mehr noch im ganzen als im einzelnen bemerkt und
denen man einen großen, wohl den größten Teil der
Leichtigkeit und des glücklichen Erfolges zuschreiben
kann.

Nimm dir jeden Morgen vor, womöglich froher und
heiterer als den vorigen Tag zu sein, und glaube mir,

trotz allen schalen Predigten, daß Leichtsinn notwendig für den Menschen gehört, der leben will und sein Dasein nicht im Müßiggange vertrödeln. Ich bringe noch den ernsthaften Leichtsinn in ein System.

Jedes Unglück ist gleichsam das Hindernis eines Stroms, der nach überwundenem Hindernis nur desto mächtiger durchbricht.

Ich hätte mich, so wahr ich lebe, längst erschossen, wenn ich nicht immer ruhig auf die Stimmung des andern Morgens gewartet hätte, wo ich dann gewöhnlich fand, daß es sich doch in dieser Erträglichkeit recht gut sein ließ. Der Abend ist ewig die Geburtsstunde der Gespenster gewesen. Da sitzt man mit glühendem Kopf und ermattetem Herzen, ohne Kraft und Saft, brütet über Windeiern und nagt am Knochen der Langeweile. Frisch sogleich die Peitsche zur Hand und damit in der Stube geknallt, oder geschlafen, oder gezeichnet, oder das Gewehr auseinandergenommen oder die Uhr, oder einen Marsch oder Anglaise auf dem Klavier getrommelt – hurtig kehrt die Spannkraft ins Herz zurück. Kann man mit der Lektüre etwas ausrichten, desto besser. Kurz, nur einen Funken Entschlossenheit, und man ist gerettet ...

Am besten ist es, wenn man den Sinn hat, alles Geschehene mit freudigem Herzen wie eine Wohltat Gottes hinzunehmen.

Ein schuldloses Herz und Bewußtsein eines guten Willens und einer lobenswerten Tätigkeit steht unter allen beruhigenden Mitteln obenan.

Die Hoffnung und unser Ziel müssen uns begeistern und die Gegenwart mit ihren feindseligen Launen verdrängen.

Im Grunde lebt jeder Mensch in seinem Willen. Ein fester Vorsatz ist das Universal-beruhigende Mittel.

Nur durch Bedürfnisse bin ich eingeschränkt oder einschränkbar. Man muß ein niederes Bedürfnis und alles das, dem man keinen Einfluß auf sich gestatten will, absolut als nicht für mich vorhanden, setzen. Dadurch hebe ich alle Gemeinschaft mit ihm auf.

Man wird nie den Weg fehlen, wenn man auf das Allgemeine in uns und um uns achtet. Unter dem Allgemeinen verstehen wir das Allgemeine der Vernunft.

Körperlichen Übeln kann man am besten von seiten der Seele beikommen und durch Seelenverrichtungen und Wirkungen diese Zufälle lindern oder gänzlich heben; denselben Einfluß, den der Körper auf die Seele hat, hat sie auf ihn.

Du bist ein physisch leidender – aber moralisch tätiger Mensch. Das Blatt dreht sich einst – die Letzten werden

die Ersten sein. In diesen Worten liegt eine Fülle trost-
reichen Sinns. Bleibe fest im Glauben an die Universali-
tät deines Ichs. Du wirst auf deine Leidensstunden, wie
auf ein verwelktes Blatt, einst herunterblicken. Himm-
lische Flucht der Zeit! Halte dich am Großen und
Guten in der Zeit der Mühe und des Duldens. Du hast
noch eine Ewigkeit vor dir.

Alles, was wir Zufall nennen, ist von Gott.

Wer Gott suchen will, der findet ihn überall.

Denke alles, was dich umgibt, im Verhältnis zur unend-
lichen Dauer.

Die Zeit ertragen zu lernen ist ein Hauptgeheimnis des
Lebens – und die Einförmigkeit ist eine Schule für
Jünglinge, denen die Natur zu viel Empfänglichkeit für
alle angenehmen Eindrücke gab...

Keine Beobachtung ohne Nachdenken, und umge-
kehrt. Durch die Befolgung dieses Gesetzes wird allein
der menschliche Geist den erhabenen Weg seiner Be-
stimmung geführt, der mit jedem Schritt ebener und
breiter, kürzer und reichhaltiger wird.

Das Gemüt in Ruhe, fest für das Gesetz entschlossen ist
der Zustand der Gesundheit im moralischen Leben.

Ruhe ist der wahre Zustand des Menschen. Für den Ruhigen ist jede äußere Lage erträglich und selbst angenehm. Es ist nicht das fatale Treiben zu spüren ... Dem Ruhigen ist alles leicht und bequem. Alle Vorstellungen, alle Gedanken werden kräftig und erfreulich, und die wahrhaft himmlische Lust der Tätigkeit erwacht mit Kraft.

Alles was dem sich bildenden Menschen noch schwer dünkt, da sollte er gerade seine Kräfte daran versuchen, um es heben und mit großer Leichtigkeit und Geschicklichkeit heben und bewegen zu können. Dadurch gewinnt er es lieb. Was einem Mühe kostet, das hat man lieb.

Die rohe, einfache Schwierigkeit ist die schlimmste – man teile die Schwierigkeiten, und sie werden schon schwächer – die Teilung der Schwierigkeiten ist eine Konzentration der Kraft, und je mehr sich das Hauptproblem vor unseren Blicken zerteilt, desto auflösbarer wird es.

Mit den Schwierigkeiten nehmen die Kräfte zu.

Etwas zu lernen, ist ein sehr schöner Genuß und etwas wirklich zu können, ist die Quelle der Wohlbehaglichkeit.

Eine gewisse Einsamkeit scheint dem Gedeihen der höheren Sinne notwendig zu sein, und daher muß ein zu ausgebreiteter Umgang der Menschen miteinander manchen heiligen Keim ersticken.

Ist es nicht am Ende besser, einen schönen Gegenstand sich ganz zuzueignen, als an hunderten vorbeizustreichen, überall zu nippen, und so mit vielen, oft sich widersprechenden, halben Genüssen zeitig genug sich die Sinne abzustumpfen, ohne etwas dabei auf ewig gewonnen zu haben?

Man kann seine Bestimmung erfüllen, wenn man demgemäß lebt, was die Weisesten und Besten taten und lehrten und Erfahrung und gesunden Menschenverstand zu seinen Führern macht. Mit beiden und Fleiß wird man sich in alle Geschäfte des Lebens finden können. Das reine Gefühl von der Natur der Sache, das nennt man gesunden Menschenverstand, und dies ist selbst den Gelehrten, den wissenschaftlichen Architekten unentbehrlich. Übung kann seinen Gebrauch leichter machen und echte Lebenskraft, ungehemmt von Meinungen, erhält ihn rein.

Lehrjahre im vorzüglichen Sinn sind die Lehrjahre der »Kunst zu leben«. Durch planmäßig geordnete Versuche lernt man ihre Grundsätze kennen und erhält die Fertigkeit, nach ihnen beliebig zu verfahren.

Wo echter Hang zum Nachdenken, nicht bloß zum Denken dieses oder jenes Gedankens herrschend ist, da ist auch Fortschreiten.

Sehr viele Gelehrte besitzen diesen Hang nicht. Sie haben schließen und folgern gelernt, wie ein Schuster das Schuhmachen, ohne je auf den Einfall zu geraten, oder sich zu bemühen, den Grund der Gedanken zu finden. Dennoch liegt das Heil auf keinem anderen Wege. Bei vielen währt dieser Hang nur eine Zeitlang. Er wächst und nimmt ab, sehr oft mit den Jahren, oft mit dem Fund eines Systems, das sie nur suchten, um der Mühe des Nachdenkens ferner überhoben zu sein.

Eine einzige wahrhaft beobachtete Tatsache ist doch mehr wert, als die glänzendste Hypothese.

Das Leben wie ein herrliches Schauspiel betrachten, überzeugt, daß wir schon hier im Geist in absoluter Lust und Ewigkeit sein können, und daß gerade die alte Klage, daß alles vergänglich sei, der fröhlichste aller Gedanken werden kann und soll...

Es gibt unendlich viel unbekanntes Unglück, aber es gibt auch gewiß unendlich viel unbekannte Wohltaten Gottes.

Angst schadet – Mut stärkt.

Jeder trübe Gedanke ist ein irdischer, vorübergehender Gedanke der Angst. – Jede trübe Stimmung ist Illusion.

Der Unruhe und Angst zu widerstehen, dazu gehört die höchste Geduld. Es ist aber das beste Hilfsmittel dagegen.

Sobald eine bestimmte Empfindung kommt, ist die Angst weg. Die Angst ist ein Schwanken, eine Ungewißheit.

Wenn man recht fleißig an die unendliche Unsicherheit der menschlichen Glücksgüter denkt, muß man endlich gleichgültig und mutig werden.

Der höchste Schmerz kann nur ein Augenblick sein.

Wie nah uns oft der Verlust unseres ganzen Glücks, wie gefährlich daher jede Spekulation auf Glück allein und wie dauerhafte Ruhe nur durch Erhebung der Seele über alle Streiche des Schicksals, durch Losreißung von allem, was unter der Macht des Zufalls steht, möglich ist, davon bin ich lebhaft überzeugt.

Ein Tropfen Freiheit ist genug, die schlechte Natur auf immer zu lähmen und ihren Verheerungen Maß und Ziel zu setzen.

In den begeisternden Gefühlen unserer Freiheit laßt uns leben und sterben.

Tätigkeit läßt uns am leichtesten unseren Kummer vergessen.

Nichts bewahrt so sicher vor Unsinn – als Tätigkeit.

Alles scheint auf uns hereinzuströmen, weil wir nicht herausströmen. Wir sind negativ – je positiver wir werden, desto negativer wird die Welt um uns her –, bis am Ende keine Negation mehr sein wird, sondern wir alles in allem sind.

Der Weg zur Ruhe geht nur durch das Gebiet der allumfassenden Tätigkeit.

Das Glück hat seine Methode – sie ist freilich die schwerste zum Überseh'n – aber tätiger Wille ist doch schon die halbe Mühe und die ganze Hoffnung.

Ist denn nicht das Leben des gebildeten Menschen eine beständige Aufforderung zum Lernen? Der gebildete Mensch lebt durchaus für die Zukunft.

Alles Echte dauert ewig, alle Wahrheit, alles Persönliche.

Das Wahre erhält sich immer, das Gute dringt durch,
der Mensch kommt wieder empor.

Von Mensch zu Mensch

Du hast so viele Lieben um dich und genießt so wenig ihrer Liebe!

Tadle nichts Menschliches. Alles ist gut, nur nicht über-all, nur nicht immer, nur nicht für alle.

Man würde mit vielen Menschen zufrieden sein, wenn man die Betrachtung nicht ganz über der entgegenge-setzten vergäße: was diese Menschen alles nicht sein könnten, oder wieviel schlimmer und geringer sie so leicht sein könnten.

O daß der Mensch die innere Musik der Natur ver-stände und einen Sinn für äußere Harmonie hätte! Aber er weiß ja kaum, daß wir zusammengehören und keines ohne das andere bestehen kann.

Ich hoffte, volle Nahrung meines Herzens in der Ein-samkeit zu finden. Unerschöpflich dünkte mir die Quelle meines inneren Lebens. Aber ich merkte bald, daß man eine Fülle von Erfahrungen dahin mitbringen muß, daß ein junges Herz nicht allein sein kann, ja daß der Mensch erst durch vielfachen Umgang mit seinem Geschlecht eine gewisse Selbständigkeit erlangt.

Du bist noch jung, und fühlst du nicht das Gebot der Jugend in allen Adern? Nicht Liebe und Sehnsucht deine Brust erfüllen? Wie kannst du nur in der Einsamkeit sitzen? Sitzt die Natur einsam? Den Einsamen flieht Freude und Verlangen: und ohne Verlangen, was nützt dir die Natur?

In der Welt muß man mit der Welt leben. Man lebt nur, wenn man im Sinne der Menschen lebt, mit denen man lebt.

Sollte es nicht ein absolutes Bedürfnis geben: Liebe, Gesamtleben mit geliebten Personen?

Der vollendete Mensch muß gleichsam zugleich an mehreren Orten und in mehreren Menschen leben – ihm müssen beständig ein weiter Kreis und mannigfache Begebenheiten gegenwärtig sein. Hier bildet sich dann die wahre, großartige Gegenwart des Geistes, die den Menschen zum eigentlichen Weltbürger macht und ihn in jedem Augenblicke seines Lebens durch die wohltätigsten Assoziationen reizt, stärkt und in die helle Stimmung einer besonnenen Tätigkeit versetzt.

Unter Menschen muß man Gott suchen. In den menschlichen Begebenheiten, in menschlichen Gedanken und Empfindungen offenbart sich der Geist des Himmels am hellsten.

In jedem Menschen kann mir Gott erscheinen.

Unter guten, seelenvollen Menschen trägt sich die Last des Lebens leicht.

Das Unglück bringt die Menschen einander immer näher.

Unglück vermehrt unseren Sinn für Freundschaft und Liebe.

Interesse ist Teilnahme an dem Leiden und der Tätigkeit eines Wesens. Mich interessiert etwas, wenn es mich zur Teilnahme zu erregen weiß.

Das gemeinschaftliche Essen ist eine sinnbildliche Handlung der Vereinigung.

Um einem Gespräche eine beliebige Richtung zu geben, ist nur Festhaltung des Zieles nötig.

Briefe sollten Erholungen sein.

Freundschaft, Liebe und Pietät sollten geheimnisvoll behandelt werden. Man sollte nur in seltenen, vertrauten Momenten davon reden, sich stillschweigend darüber einverstehen. Vieles ist zu zart, um gedacht, noch mehr, um besprochen zu werden.

Der echte Lehrer ist ein Wegweiser. Ist der Schüler in der Tat wahrheitslustig, so bedarf es nur eines Winks, um ihn finden zu lassen, was er sucht.

Im Ich, im Freiheitspunkte sind wir alle in der Tat völlig identisch – von da aus trennt sich erst jedes Individuum.

Die Gabe der Unterscheidung, das reine, trennende Urteil muß, um nicht tödlich zu verwunden und überall Haß zu erregen, mit großer Behutsamkeit auf Menschen angewandt werden.

Die meisten Menschen sind noch nicht einmal Charaktere. Viele haben gar nicht die Anlage dazu. Man muß wohl die Gewohnheitsmenschen, die Alltäglichen, von den Charakteren unterscheiden. Der Charakter ist durchaus selbsttätig.

Der Mensch steht durchaus mit sich selbst in Wechselwirkung und innigem Zusammenhang. Er kann nicht eine Tugend im eigentlichen Sinne hier und dort nicht haben.

Recht häßliche Menschen können unendlich schön sein.

Man braucht nur jemandes Philosophie zu wissen, um ihn hinlänglich kennen zu lernen.

Jeder Mensch hat seine eigene Sprache. Sprache ist Ausdruck des Geistes.

Je geistvoller, gebildeter ein Mensch ist, desto persönlicher sind seine Glieder, seine Augen, seine Hand, seine Finger.

Der erste Eindruck ist der mächtigste und treueste, der immer wiederkommt, wenn er auch eine Zeitlang verwischt scheinen kann.

Die Menschen gehen viel zu nachlässig mit ihren Erinnerungen um.

Wem dankten alle Männer beinah, die etwas Großes für die Menschheit wagten, ihre Kräfte; keinem als ihren Müttern.

Kinder sind Hoffnungen.

Lehren aus dem Munde einer klugen und mit der Menschheit bekannten Mutter fließen durch das Herz in den Kopf: Wer geht nicht gern alle Wege an einer so geliebten Hand? Welcher Unterricht auf Erden überwiegt die holden, bittenden Lehren einer Mutter von erhabener Denkart, tiefem Blick und sanftem, liebevollem Herzen? Wer mit menschlichem Gefühl bestände nicht freudig selbst den schwersten Kampf, den Kampf mit sich selbst, wenn sie ihm winkt, die ihm auf Erden alles ist, die Zuflucht in Bedrängnissen ist, die einzige Seele oft, die ihm ohne Interesse sich selbst aufopfert?

Wo schläft ein Kind wohl sicherer als in der Kammer seines Vaters?

Der frische Blick des Kindes ist überschwenglicher als die Ahnung des entschiedensten Sehers.

Die Erwachsenen sind die Jüngeren in anderer Beziehung.

Was ist eigentlich alt? was jung? Jung, wo die Zukunft vorwaltet; alt, wo die Vergangenheit die Übermacht hat.

Ein Freund erzieht den anderen.

Aus dem Wohlsein der einzelnen Familien besteht der Wohlstand des Staates. Nur durch meine Familie bin ich unmittelbar an mein Vaterland geknüpft.

Daß wir alle mehr oder weniger Kinder sind – kann uns nicht oft genug wiederholt werden. Pädagogik umschließt in ihrem weitesten Sinn den ganzen Umfang des menschlichen Wissens und Strebens und muß daher das Hauptstudium unseres Lebens sein. Man kann oft von einem Kinde lernen, was man bei Nationen brauchen kann.

Man ist auch am allervollkommensten Bürger des Staa-
tes, wenn man zuerst für die Familie da ist.

Oft fühl' ich jetzt, wie mein Vaterland meine frühesten
Gedanken mit unvergänglichen Farben angehaucht hat
und sein Bild eine seltsame Andeutung meines Gemü-
tes geworden ist, die ich immer mehr errate, je tiefer ich
einsehe, daß Schicksal und Gemüt Namen eines Begrif-
fes sind.

Es waren schöne, glänzende Zeiten, wo Europa ein
christliches Land war, wo eine Christenheit diesen
menschlich gestalteten Weltteil bewohnte; ein großes
gemeinschaftliches Interesse verband die entlegensten
Provinzen dieses weiten geistlichen Reiches. – Ohne
große, weltliche Besitztümer lenkte und vereinigte ein
Oberhaupt die großen politischen Kräfte.

Das Ideal der Sittlichkeit hat keinen gefährlicheren Ne-
benbuhler als das Ideal der höchsten Stärke, des kräftig-
sten Lebens. Es ist das Maximum des Barbaren und hat
leider in diesen Zeiten der verwildernden Kultur gerade
unter den größten Schwächlingen sehr viele Anhänger
erhalten.

Der Mensch wird durch dieses Ideal zum Tier-Geist,
eine Vermischung, deren brutaler Witz eben eine bru-
tale Anziehungskraft für Schwächlinge hat.

Wenn der Mensch nicht weiterkommen kann, so hilft er sich mit einem Machtspruch oder einer Machthandlung.

Durch Betrogenwerden lernt man Betrügen, und wie bald ändert sich da nicht das Blatt, und der Meister wird Schüler seines Schülers. Ein dauerhaftes Glück macht nur der rechtliche Mann ...

Man muß nicht seine Gerechtigkeit in der Welt suchen.

Die reine vollständige Ausbildung der Menschheit muß erst zur Kunst des einzelnen werden und von da erst in die großen Völkermassen und dann in die Gattung übergehen.

Je mehr die Heilkunde Elementarwissenschaft jedes Menschen wird, je inniger die gesamten Wissenschaften zur Förderung ihres gemeinschaftlichen Interesses, des Wohls der Menschheit, zusammentreten und die Philosophie zur Vorsitzerin und Leiterin ihrer Beschlüsse nehmen werden – desto leichter wird der Druck, desto freier die Brust des Menschengeschlechts werden.

Die Natur ist Feindin ewiger Besitzungen. Sie zerstört nach festen Gesetzen alle Zeichen des Eigentums, vertilgt alle Merkmale der Formation. Allen Geschlechtern gehört die Erde; jedes hat Anspruch auf alles. Das Eigentumsrecht erlischt zu bestimmten Zeiten.

Man sieht doch das allmächtige Streben nach freier, einträchtiger Verfassung, und in diesem Geiste wird jede Erschütterung vorübergehen und dem großen Ziele näher führen.

Für die Menschen zu leben und Gutes zu tun, wo ich kann – diese himmlische Rolle bleibt mir immer gewiß und ich wünsche mir Glück, daß ich tagtäglich mehr Sinn dafür bekomme.

Geschenke der Liebe

Meine Geliebte ist die Abbreviatur des Universums.

Jeder geliebte Gegenstand ist der Mittelpunkt eines Paradieses.

Die Liebe ist nichts als die höchste Naturpoesie.

Die Liebe hat von jeher Romane gespielt, oder die Kunst zu lieben ist immer romantisch gewesen.

Was man liebt, findet man überall und sieht überall Ähnlichkeiten.

Von einem liebenswerten Gegenstande können wir nicht genug hören, nicht genug sprechen. Wir freuen uns über jedes neue treffende, verherrlichende Wort. Es liegt nicht an uns, daß er nicht Gegenstand aller Gegenstände wird.

Wenn man recht liebt, so entfaltet sich in unserem Innern eine wirkliche, sichtbare Welt.

Was ist das ewige Geheimnis? – Die Liebe.

Liebe ist ein Produkt der Wechselwirkung zweier Indi-
viduen – daher mystisch und universell und unendlich
ausbildsam.

Die körperliche Aneignung ist geheimnisvoll genug,
um ein schönes Bild der geistigen Meinung zu sein –
und sind denn Blut und Fleisch in der Tat etwas so
Widriges und Unedles? Wahrlich, hier ist mehr als
Gold und Diamant, und die Zeit ist nicht mehr fern, wo
man höhere Begriffe vom organischen Körper haben
wird.

Nur unter Menschen wird er einheimisch, der Geist,
der sich mit tausend bunten Farben in alle deine Sinne
drängt, der wie eine unsichtbare Geliebte dich um-
gibt... Du hast noch nicht geliebt, du Armer; beim
ersten Kuß wird eine neue Welt dir aufgetan, mit ihm
fährt Leben in tausend Strahlen in dein entzücktes
Herz.

Alle Bezauberung ist ein künstlich erregter Wahnsinn.
Alle Leidenschaft ist eine Bezauberung. Ein reizendes
Mädchen eine reellere Zauberin, als man glaubt.

Mit den Frauen ist die Liebe, und mit der Liebe die
Frauen entstanden, und darum versteht man keines
ohne das andere.

Frauen sind ein liebliches Geheimnis – nur verhüllt, nicht verschlossen.

Die Frau ist der eigentliche Naturmensch – die wahre Frau das Ideal des Naturmenschen.

Im Manne ist Vernunft, im Weibe Gefühl das Tonangebende. Die Moralität des Weibes ist im Gefühl – wie die des Mannes in der Vernunft gegründet.

Die Frau ist das Symbol der Güte und Schönheit; der Mann das der Wahrheit und des Rechts.

Die Frauen sind vollendeter als wir. Freier als wir. Sie erkennen besser als wir. Ihre Natur scheint unsere Kunst – unsere Natur ihre Kunst zu sein. Sie sind geborene Künstlerinnen. Sie individualisieren, wir universalisieren.

Haben Frauen nicht Ähnlichkeit mit dem Unendlichen? Daß sie sich nur durch Annäherung finden lassen? Und mit dem Höchsten, daß sie uns absolut nah sind und doch immer gesucht, daß sie absolut verständlich sind und doch nicht verstanden, daß sie absolut unentbehrlich und doch meistens entbehrt werden? Und mit höheren Wesen, daß sie so kindlich, so gewöhnlich, so müßig und spielend erscheinen?
Auch ihre größere Hilflosigkeit erhebt sie über uns, so wie ihre größere Selbstbehilflichkeit, ihr größeres Skla-

ven- und ihr größeres Despotentalent; und so sind sie durchaus über uns und unter uns und dabei doch zusammenhängender und unteilbarer als wir.

Das schöne Geheimnis der Jungfrau, was sie eben so unaussprechlich anziehend macht, ist das Vorgefühl, die Ahnung einer künftigen Welt, die in ihr schlummert und sich aus ihr entwickeln soll. Sie ist das treffendste Ebenbild der Zukunft.

Jedes Volk, jede Zeit hat ihren Lieblingsfrauencharakter.

Eine Ehe sollte eigentlich eine langsame, kontinuierliche Bildung eines gemeinsamen, harmonischen Wesens sein.

Poesie und Philosophie – beide sind zur glücklichen Ehe unentbehrlich, und ohne sie muß jeder Umgang in Überdruß und Langeweile ausschlagen.

Nur insofern der Mensch mit sich selbst eine glückliche Ehe führt und eine schöne Familie ausmacht, ist er überhaupt ehe- und familienfähig.

Eheleute müssen geschmeidig, elastisch und durchaus bestimmt sein, ohne eigensinnig und ängstlich zu sein.

Die Ehe bezeichnet eine neue, höhere Epoche der Liebe. Die Philosophie entsteht mit der Ehe.

Ich habe immer gesehen, daß Ehen, die früh geschlossen wurden, am glücklichsten waren. In späteren Jahren ist keine solche Andacht mehr im Ehestand als in der Jugend. Eine gemeinschaftlich genossene Jugend ist ein unzerreißliches Band. Die Erinnerung ist der sicherste Grund der Liebe.

Ein Kind ist eine sichtbar gewordene Liebe.

Vielleicht gehört der Sinnenrausch zur Liebe wie der Schlaf zum Leben – der edelste Teil ist es nicht – und der rüstige Mensch wird immer lieber wachen als schlafen.

Liebe ohne Eifersucht ist nicht persönliche Liebe, sondern indirekte Liebe – man kann Vernunftliebe sagen; denn man liebt hier nicht als Person, sondern als Glied der Menschheit.

Die Liebe ist stumm, nur die Poesie kann für sie sprechen.

Ohne Gegenstand kein Geist – ohne Bildung keine Liebe.

Liebe und Treue werden euer Leben zur ewigen Poesie machen.

Wenn man eins zu lieben versteht, so versteht man auch alles zu lieben am besten.

Schönheit der Kunst

Wer das Seinige zur Entwicklung der Natur beitragen will, geht in den Werkstätten der Künstler umher, belauscht überall die unvermutet in allen Ständen hervorbrechende Dichtkunst, wird nimmer müde, die Natur zu betrachten und mit ihr umzugehen, geht überall ihren Fingerzeigen nach, verschmäht keinen mühseligen Gang, wenn sie ihm winkt: er findet sicher unsägliche Schätze.

Alles Vollendete spricht sich nicht allein, es spricht eine ganze mitverwandte Welt aus.

Wo Geist und Schönheit ist, häuft sich in konzentrischen Schwingungen das beste aller Naturen.

Das moralisch Sichtbare ist das Schöne.

Ich lerne immer mehr einsehen, daß nur moralische Schönheit, je absichtsloser sie bewirkt zu sein scheint, den einzig unabhängig wahren Wert eines jedweden Werks des dichterischen Genies ausmacht: daß nur sie denselben Stempel der Unsterblichkeit aufdrücken kann und sie mit dem Siegel der Klassizität bezeichnet.

Eine echt erhabene Stelle im größten Sinne dieses Wor-
tes kann nur moralisch sein. Sie ergreift die Seele in
ihren mächtigsten Tiefen und bewegt den ganzen
Ozean der Empfindungen; sie erhebt uns über uns
selbst und täuscht selbst den Lasterhaften mit einer
augenblicklichen sittlichen Existenz. Sie setzt alle
Kräfte in Bewegung und läßt uns höher denken und
empfinden. Sie bleibt das unzerstörbare Monument der
ewigen Schönheit der Seele, in der sie entstand.

Schönheit soll Güte, Güte Schönheit notwendig sym-
bolisieren.

Nur ein Künstler kann den Sinn des Lebens erraten.

Jeder echte Künstler war von jeher nichts anderes als
anwendender, praktischer Philosoph.

Eigentlich wird in allen echten Künsten eine Idee, ein
Geist realisiert.

Die Idee eines Ganzen muß durchaus ein ästhetisches
Werk beherrschen und modifizieren.

Sonderbar, daß in der Natur uns das Grelle, das Unge-
ordnete, Unsymmetrische, Unwirtschaftliche nicht
mißfällt und hingegen bei allen Kunstwerken Milde,
schickliches Verlaufen, Harmonie und richtige, gefäl-
lige Gegensätze unwillkürlich gefordert werden.

Ohne diese Differenz wäre nie Kunst entstanden. Gerade dadurch ward die Kunst notwendig und charakterisiert.

Die Kunst auf eine angenehme Art zu befremden, einen Gegenstand fremd zu machen und doch bekannt und anziehend, das ist die romantische Poetik.

Elemente des Romantischen: die Gegenstände müssen, wie die Töne der Äolsharfe, da sein, auf einmal, ohne Veranlassung – ohne ihr Instrument zu verraten.

Die Darstellung des Gemüts muß, wie die Darstellung der Natur, selbsttätig, eigentümlich allgemein, verknüpfend und schöpferisch sein. Nicht wie es ist, sondern wie es sein könnte und sein muß.

Freiheit ist Meisterschaft. Der Meister übt freie Gewalt nach Absicht und in bestimmter und überdachter Folge aus. Die Gegenstände seiner Kraft sind sein und stehen in seinem Belieben, und er wird von ihnen nicht gefesselt oder gehemmt.

Der Künstler macht sich zu allem, was er sieht und sein will.

Genie ist das Vermögen, von eingebildeten Gegenständen wie von wirklichen zu handeln und sie auch wie diese zu behandeln. Das Talent, darzustellen, genau zu

beobachten, zweckmäßig die Beobachtung zu be-
schreiben, ist also vom Genie verschieden. Ohne dieses
Talent sieht man nur halb und ist nur ein halbes Genie;
man kann genialische Anlage haben, die in Ermange-
lung jenes Talents nie zur Entwicklung kommt.

Je einfacher im Ganzen und je individueller und man-
nigfacher im Detail, desto vollkommener das Kunst-
werk.

Es gehört mehr Geist zum Einfachen als zum Kompli-
zierten, aber weniger Talent.

Das Höchste und Reinste ist das Gemeinste, das Ver-
ständlichste.

Das Wahre und Echte scheint, als wenn es so sein
müßte und nicht anders sein könnte.

Alles Schöne ist ein selbsterleuchtetes, vollendetes In-
dividuum.

Mit jedem Zuge der Vollendung springt das Werk vom
Meister ab, in mehr als Raumfernen...

Der Künstler gehört dem Werke, und nicht das Werk
dem Künstler.

Halb berauscht kann ein Kunstwerk sein: im ganzen Rausche zerfließt das Kunstwerk.

Jeder Mensch sollte Künstler sein. Alles kann zur schönen Kunst werden.

Welche unerschöpfliche Menge von Materialien zu neuen individuellen Kombinationen liegt nicht umher! Wer einmal dieses Geheimnis erraten hat, der hat nichts mehr nötig als den Entschluß, der unendlichen Mannigfaltigkeit und ihrem bloßen Genuß zu entsagen und irgendwo anzufangen. Aber dieser Entschluß kostet das freie Gefühl einer unendlichen Welt und fordert die Beschränkung auf eine einzelne Erscheinung derselben.

Es ist gewiß, daß mit Erfindungsgeist und Geschick sich jeder Gegenstand artig zu Papier bringen, zeichnen und gruppieren läßt.

Dem Maler scheint die sichtbare Natur überall vorzuarbeiten, durchaus sein unerreichbares Muster zu sein. Der Maler malt eigentlich mit dem Auge. Seine Kunst ist die Kunst, regelmäßig und schön zu sehen. Sehen ist hier ganz aktiv, durchaus bildende Tätigkeit. Der Musiker hört eigentlich auch aktiv. Er hört heraus. Freilich ist dieser umgekehrte Gebrauch der Sinne den meisten ein Geheimnis, aber jeder Künstler wird es sich mehr oder minder deutlich bewußt sein.

Fast jeder Mensch ist in geringem Grad schon Künstler.

Der echte Maler weiß das Malerische und Unmaleri-
sche überall wohl zu unterscheiden. So ist es mit dem
Dichter, dem Romancier, dem Reisebeschreiber. Jede
Kunst hat ihre individuelle Sphäre: wer diese nicht
genau kennt und Sinn für dieselbe hat, wird nie Künst-
ler.

Die Malerei und Zeichnung setzt alles in Fläche und
Flächenerscheinungen, die Musik alles in Bewegung,
die Poesie alles in ·Worte und Sprachzeichen um.

Über die allgemeine Sprache der Musik. Der Geist wird
frei, unbestimmt angeregt; das tut ihm so wohl, das
dünkt ihm so bekannt, so vaterländisch. Alles Liebe
und Gute, Zukunft und Vergangenheit regt sich in ihm,
Hoffnung und Sehnsucht.

Die vollkommene Oper ist eine freie Vereinigung aller,
die höchste Stufe des Dramas.

Die Poesie ist, wie die Philosophie, eine harmonische
Stimmung unseres Gemüts, wo sich alles verschönert,
wo jedes Ding seine gehörige Ansicht, alles seine pas-
sende Begleitung und Umgebung findet. Es scheint in
einem echt poetischen Buche alles so natürlich – und
doch so wunderbar. Man glaubt, es könne nichts anders
sein, und als habe man nur bisher in der Welt geschlum-

mert – und gehe einem nun erst der rechte Sinn für die Welt auf.

Wer das Gemüt der Natur recht kennen will, muß sie in der Gesellschaft der Dichter suchen, dort ist sie offen und ergießt ihr wundersames Herz.

In der Sphäre der Poesie ist alles entschiedener – jede Funktion ist höher lebendig und springt farbiger in die Augen.

Die Poesie löst fremdes Dasein im eigenen auf.

Das Leben und die Welt ist mir durch die Dichter klarer und anschaulicher geworden. Es dünkte mich, sie müßten befreundet mit den scharfen Geistern des Lichtes sein, die alle Naturen durchdringen und sondern und einen eigentümlichen, zartgefärbten Schleier über jede breiten. Meine eigene Natur fühlte ich bei ihren Liedern leicht entfaltet, und es war, als könnte sie sich nun freier bewegen, ihrer Geselligkeit und ihres Verlangens froh werden...

Dem Dichter, welcher das Wesen seiner Kunst im Mittelpunkt ergriffen hat, erscheint nichts widersprechend und fremd, ihm sind die Rätsel gelöst, durch die Magie der Phantasie kann er alle Zeitalter und Welten verknüpfen, die Wunder verschwinden und alles verwandelt sich in Wunder.

Dichter und Priester waren im Anfang eins, und nur spätere Zeiten haben sie getrennt. Der echte Dichter ist aber immer Priester, so wie der echte Priester immer Dichter geblieben.

Der echte Dichter ist allwissend; er ist eine wirkliche Welt im kleinen.

Es sind die Dichter, die überall den alten ehrwürdigen Dienst der Menschheit und ihrer ersten·Götter, der Gestirne, des Frühlings, der Liebe, des Glücks, der Fruchtbarkeit, der Gesundheit und des Frohsinns erneuern; sie, die schon hier im Besitz der himmlischen Ruhe sind und, von keinen törichten Begierden umhergetrieben, nur den Duft der irdischen Früchte einatmen, ohne sie zu verzehren. Freie Gäste sind sie, deren goldener Fuß nur leise auftritt, und deren Gegenwart in allen unwillkürlich die Flügel ausbreitet.

Ein Dichter läßt sich, wie ein guter König, frohen und klaren Gesichtern nach aufsuchen, und er ist es, der allein den Namen eines Weisen mit Recht führt.

Im Dichter redet die höhere Stimme des Weltalls und ruft in erfreulichere, bekanntere Welten.

Die Dichter suchen alle Seligkeiten der goldnen Zeit nicht umsonst.

Der Dichter erfüllt das inwendige Heiligtum des Gemüts mit neuen, wunderbaren und gefälligen Gedanken. Er weiß jene geheimen Kräfte in uns nach Belieben zu erregen und gibt uns durch Worte eine unbekannte, herrliche Welt zu vernehmen. Wie aus tiefen Höhlen steigen alte und künftige Zeiten, unzählige Menschen, wunderbare Gegenden und die seltsamsten Begebenheiten in uns herauf und entreißen uns der bekannten Gegenwart...

Nichts ist poetischer als Erinnerung und Ahnung oder Vorstellung der Zukunft. Die Vorstellungen der Vorzeit zieh'n uns zum Verfliegen an. Die Vorstellungen der Zukunft treiben uns zum Beleben, zum Verkörpern, zur assimilierenden Wirksamkeit. Daher ist alle Erinnerung wehmütig, alle Ahnung freudig. Es gibt aber eine geistige Gegenwart, die beide durch Auflösung identifiziert, und diese Mischung ist das Element, die Atmosphäre des Dichters.

Alles in der Entfernung wird Poesie, ferne Berge, ferne Menschen, ferne Begebenheiten, alles wird romantisch.

Der Ernst muß heiter, der Scherz ernsthaft schimmern.

Es ist höchst begreiflich, warum am Ende alles Poesie wird. Wird nicht die Welt am Ende Gemüt?

Der Dichter begnügt sich mit der willkürlichen Wahl des ersten Moments und entwickelt nachher nur die Anlagen dieses Keims – bis zu seiner Auflösung. Jeder Keim ist eine Dissonanz, ein Mißverhältnis, das sich ausgleichen soll. Dieser erste Moment ergreift die Wechselglieder in einem Verhältnis – das nicht so bleiben kann; zum Beispiel bei »Wilhelm Meister«: Streben nach dem Höchsten und Kaufmannsstand. Das kann nicht so bleiben. – Eins muß des andern Herr werden. Meister muß den Kaufmannsstand verlassen oder das Streben muß vernichtet werden. Man könnte besser noch sagen: Sinn für schöne Kunst und Geschäftsleben streiten sich um Meister in ihm. – Schönheit und Nutzen sind die Göttinnen, die ihm einigemal unter verschiedenen Gestalten auf Scheidewegen erscheinen. Endlich kommt Natalie, die beiden Wege und die beiden Gestalten fließen in eins.

Dichten ist zeugen. Alles Gedichtete muß ein lebendiges Individuum sein.

Der Dichter muß die Fähigkeit haben, sich andere Gedanken vorzustellen, auch Gedanken in allen Arten der Folge, und in den mannigfaltigsten Ausdrücken darzustellen. Wie ein Tonkünstler verschiedene Töne und Instrumente in seinem Innern sich vergegenwärtigen, sie vor sich bewegen lassen und sie auf mancherlei Weise verbinden kann, so daß er gleichsam der Lebensgeist dieser Klänge und Melodien wird, wie gleichfalls

ein Maler als Meister und Erfinder farbiger Gestalten
diese nach seinem Gefallen zu verändern, gegeneinan-
der und nebeneinander zu stellen und zu vervielfachen
und alle möglichen Arten hervorzubringen versteht, so
muß der Dichter den redenden Geist aller Dinge und
Handlungen in seinen unterschiedlichen Trachten sich
vorzubilden und alle Gattungen von Spracharbeiten zu
fertigen und mit besonderem, eigentümlichem Sinn zu
beseelen vermögen. Gespräche, Briefe, Reden, Erzäh-
lungen, Beschreibungen, leidenschaftliche Äußerun-
gen, mit allen möglichen Gegenständen angefüllt, unter
mancherlei Umständen und von tausend verschiedenen
Menschen muß er erfinden und in angemessenen Wor-
ten aufs Papier bringen können. Er muß imstande sein,
über alles auf eine unterhaltende und bedeutende Weise
zu sprechen, und das Sprechen oder Schreiben muß ihn
selbst zum Schreiben und Sprechen begeistern.

Derjenige wird nie als Darsteller etwas vorzügliches
leisten, der nichts weiter darstellen mag als seine Erfah-
rungen, seine Lieblingsgegenstände, der es nicht über
sich gewinnen kann, auch einen ganz fremden, ihm
ganz uninteressanten Gegenstand mit Fleiß zu studie-
ren und mit Muße darzustellen. Der Darsteller muß
alles darstellen können und wollen. Dadurch entsteht
der große Stil der Darstellung, den man mit Recht an
Goethe so sehr bewundert.

Nichts ist dem Dichter unentbehrlicher als Einsicht in
die Natur jedes Geschäftes, Bekanntschaft mit den Mit-
teln, jeden Zweck zu erreichen, und Gegenwart des
Geistes, nach Zeit und Umständen die schicklichsten
zu wählen. Begeisterung ohne Verstand ist unnütz und
gefährlich, und der Dichter wird wenig Wunder tun
können, wenn er selbst über Wunder erstaunt.

Des Dichters Reich sei die Welt. Sein Plan und seine
Ausführung sei dichterisch, das ist dichterische Natur.
Er kann alles brauchen, er muß es nur mit Geist amalga-
mieren, er muß ein Ganzes daraus machen. Das Allge-
meine wie das Besondere muß er darstellen – alle Dar-
stellung ist im Entgegengesetzten, und seine Freiheit im
Verbinden macht ihn unumschränkt.

Der Dichter hütet sich wohl, die Mannigfaltigkeit zu
verlassen, die ihm Stoff genug und auch die nötigen
Vergleichspunkte bietet. Ich möchte fast sagen, das
Chaos muß in jeder Dichtung durch den regelmäßigen
Flor der Ordnung schimmern.

In wessen Kopf der große Rhythmus, dieser innere
poetische Mechanismus einheimisch geworden ist, der
schreibt ohne sein absichtliches Mitwirken bezaubernd
schön...

Wer wahrhaft spricht, ist des ewigen Lebens voll, und
wunderbar verwandt mit echten Geheimnissen dünkt

uns seine Schrift, denn sie ist ein Akkord aus des Welt-
alls Symphonie.

Jedes Wort ist ein Wort der Beschwörung. Welcher
Geist ruft – ein solcher erscheint.

Die Unschuld eures Herzens macht euch zum Prophe-
ten.

Ein Dichter muß nicht den ganzen Tag müßig umher-
laufen und auf Bilder und Gefühle Jagd machen. Das ist
ganz der verkehrte Weg. Ein reines, offenes Gemüt,
Gewandtheit im Nachdenken und Betrachten und Ge-
schicklichkeit, alle seine Fähigkeiten in eine gegenseitig
belebende Tätigkeit zu versetzen und darin zu erhalten,
das sind die Erfordernisse der Kunst.

Ja keine Nachahmung der Natur. Die Poesie ist durch-
aus das Gegenteil.

Einheit muß jede Darstellung haben, wenn sie eine
Darstellung, ein Ganzes sein will, und nicht etwa aus
Prinzip im großen gestaltlos, und nur im einzelnen
poetisch gestaltet sein will. Dann aber ist sie auch inso-
fern kein Kunstwerk, sondern nur ein Sack voll Kunst-
fragmente.

Die kühle, belebende Wärme eines dichterischen Ge-
müts ist gerade das Widerspiel von jener wilden Hitze

eines kränklichen Herzens. Diese ist arm, betäubend und vorübergehend; jene sondert alle Gestalten rein ab, begünstigt die Ausbildung der mannigfaltigsten Verhältnisse und ist ewig durch sich selbst. Der junge Dichter kann nicht kühl, nicht besonnen genug sein. Zur wahren melodischen Gesprächigkeit gehört ein weiter, aufmerksamer und ruhiger Sinn. Es wird ein verworrenes Geschwätz, wenn ein reißender Sturm in der Brust tobt und die Aufmerksamkeit in eine zitternde Gedankenlosigkeit auflöst.

Der Dichter hat bloß mit Begriffen zu tun. Schilderungen borgt er nur als Begriffszeichen.

Je größer der Dichter ist, desto weniger Freiheit erlaubt er sich, desto philosophischer ist er. Ohne Philosophie unvollkommener Dichter, ohne Philosophie unvollkommener Denker, Urteiler.

Die Trennung von Poet und Denker ist nur scheinbar und zum Nachteil beider.

Durch Übung und Nachdenken lernt der Dichter seine Sprache kennen. Er weiß, was er mit ihr leisten kann, genau und wird keinen törichten Versuch machen, sie über ihre Kräfte anzuspannen. Nur selten wird er alle ihre Kräfte in einen Punkt zusammendrängen, denn sonst wird er ermüdend und vernichtet selbst die kostbare Wirkung einer gutangebrachten Kraftäußerung.

Auf seltsame Sprünge richtet sie nur ein Gaukler, kein
Dichter ab. Überhaupt können die Dichter nicht genug
von den Musikern und Malern lernen. In diesen Kün-
sten wird es recht auffallend, wie nötig es ist, wirt-
schaftlich mit den Hilfsmitteln der Kunst umzugehen,
und wie viel auf geschickte Verhältnisse ankommt. Da-
gegen könnten freilich jene Künstler auch von den
Dichtern die poetische Unabhängigkeit und den inne-
ren Geist jeder Dichtung und Erfindung, jedes echten
Kunstwerks überhaupt, dankbar annehmen. Sie sollten
poetischer und wir musikalischer und malerischer sein
– beides nach der Art und Weise unserer Kunst.
Der Stoff ist nicht der Zweck der Kunst, aber die Aus-
führung ist es.

An Gedanken interessiert uns entweder der Inhalt, die
neue, frappante, richtige Funktion, oder ihre Entste-
hung, ihre Geschichte, ihre Verhältnisse, ihre mannig-
faltige Stellung, ihre mannigfaltige Anwendung, ihr
Nutzen, ihre verschiedenen Formationen. So läßt sich
ein sehr trivialer Gedanke sehr interessant bearbeiten.
Ein sehr weitläufiges Unternehmen der Art kann sehr
interessant sein, ohnerachtet das Resultat eine Armse-
ligkeit ist; hier ist die Methode, der Gang, der Prozeß
das Interessante und Angenehme.
Je reifer man ist, desto mehr wird man Interesse an
Produktionen der letzteren Art haben. Das Neue inter-
essiert weniger, weil man sieht, daß sich aus dem alten
so viel machen läßt. Kurz, man verliert die Lust am

Mannigfaltigen, je mehr man Sinn für die Unendlichkeit des einzelnen bekommt. Man lernt das mit einem Instrument machen, wozu andere hunderte nötig haben, und interessiert sich überhaupt mehr für das Ausführen als für das Erfinden.

Alle Wahrheit ist uralt. Der Reiz der Neuheit liegt nur in den Variationen des Ausdrucks.

So sonderbar als es manchem scheinen möchte, ist doch nichts wahrer, als daß es nur die Behandlung, das Äußere, die Melodie des Stils ist, welche zur Lektüre uns hinzieht und uns an dieses oder jenes Buch fesselt.

In fremden Sprachen fühlt man lebhafter, daß jede Rede eine Komposition sein sollte. Man ist viel zu sorglos im Sprechen und Schreiben.

In einer wahren Rede spielt man alle Rollen, geht durch alle Charaktere durch, durch alle Zustände, um zu überraschen, um den Gegenstand von einer neuen Seite zu betrachten, um den Zuhörer plötzlich zu illudieren oder auch zu überzeugen. Eine Rede ist ein äußerst lebhaftes und geistreiches, abwechselndes Tableau der inneren Betrachtung eines Gegenstandes. Bald fragt der Redner, bald antwortet er; dann spricht er und dialogiert, dann erzählt er, dann scheint er den Gegenstand zu vergessen, um plötzlich zu ihm zurückzukommen; dann stellt er sich überzeugt, um desto hinterlistiger zu schaden, dann einfältig, gerührt, mutig – er wendet sich zu seinen Kindern, er tut, als ob alles vorbei und beschlossen wäre; bald spricht er mit Bauern, bald mit diesem, bald mit jenem, selbst mit leblosen Gegenständen. Kurz, eine Rede ist ein monologes Drama. Es gibt bloß offene, gerade Redner – die schwülstigen Redner sind gar nichts wert.

Das Epos ist ein poetisch erzähltes Drama. Der Anfang des Epos ist die Alteweibererzählung.

Der Roman handelt vom Leben, stellt Leben dar. Der Roman als solcher enthält kein bestimmtes Resultat, er ist nicht Bild und Faktum eines Satzes. Er ist anschauliche Ausführung, Realisierung einer Idee. Aber eine Idee läßt sich nicht in einen Satz fassen. Eine Idee ist eine unendliche Reihe von Sätzen, eine irrationale Größe.

Die geistige Einheit ist die wahre Seele eines Buchs, wodurch uns dasselbe persönlich und wirksam vorkommt.

Je höher wir stehen, desto mehr gefällt uns alles – behagt uns jede Aktion. Wir machen dann alles mit Vergnügen – höchste Ruhe und Bedürfnis – Verhältnislosigkeit – stets Bereitwilligkeit, in jedes Verhältnis zu treten und sich darnach zu stimmen.

Es ist für unseren Genuß und unsere Belehrung gewis-
sermaßen einerlei, ob die Personen, in deren Schicksa-
len wir den unsrigen nachspüren, wirklich einmal leb-
ten oder nicht. Wir verlangen nach der Anschauung der
großen einfachen Seele der Zeiterscheinungen, und fin-
den wir diesen Wunsch gewährt, so kümmern wir uns
nicht um die zufällige Existenz ihrer äußeren Figuren.

Es ist seltsam, daß in einer guten Erzählung allemal
etwas Heimliches ist – etwas Unbegreifliches. Die Ge-
schichte scheint noch uneröffnete Augen in uns zu
berühren – und wir stehen in einer ganz anderen Welt,
wenn wir aus ihrem Gebiete zurückkommen.

Echte poetische Charaktere sind schwierig genug zu
erfinden und auszuführen. Sie müssen allgemein und
doch eigentümlich, bestimmt und doch frei, klar und
doch geheimnisvoll sein.

Es ist mehr Wahrheit in einem Märchen als in gelehrten
Chroniken.

Ein Märchen ist wie ein Traumbild, ohne Zusammen-
hang. Ein Ensemble wunderbarer Dinge und Begeben-
heiten, eine musikalische Phantasie, die harmonischen
Folgen einer Äolsharfe, die Natur selbst.

Das Märchen ist gleichsam der Kanon der Poesie. Alles
Poetische muß märchenhaft sein.

In heiteren Seelen gibts keinen Witz. Witz zeigt ein gestörtes Gleichgewicht an: er ist die Folge der Störung und zugleich das Mittel der Herstellung. Den stärksten Witz hat die Leidenschaft.

Der Zustand der Auflösung aller Verhältnisse, die Verzweiflung oder das geistige Sterben ist am fürchterlichsten witzig.

Ein witziger Gedanke verzischt wie eine Rakete; der Erguß einer veredelten reinen Empfindung ist ewig wie die Welt, und jedem Edeln ein nie zu erschöpfender, nie zu verlierender Schatz.

Wo Phantasie und Urteilskraft sich berühren, entsteht Witz; wo sich Vernunft und Willkür paaren, Humor. Persiflage gehört zum Humor, ist aber um einen Grad geringer.

Alles was die Aufmerksamkeit erregt und nicht befriedigt, ist lächerlich. Nur das plötzliche Abspannen der Aufmerksamkeit ist aber die eigentlich lachen machende Operation.

Das Unbedeutende, Gemeine, Rohe, Häßliche, wird durch Witz allein gesellschaftsfähig.

Echtem Scherz liegt Ernst zugrunde.

Wahrhafte Darstellung des Irrtums ist indirekte Darstellung der Wahrheit.

Das Theater ist die tätige Reflexion des Menschen über sich selbst.

Wenn man echte Gedichte liest und hört, so fühlt man einen inneren Verstand der Natur sich bewegen und schwebt in ihr und über ihr zugleich.

Ein Gedicht muß unerschöpflich sein wie ein Mensch und ein guter Spruch.

Die Sprache ist wirklich eine kleine Welt in Zeichen und Tönen. Wie der Mensch sie beherrscht, so möchte er gern die große Welt beherrschen und sich frei darin ausdrücken können. Und eben in dieser Freude, das, was außer der Welt ist, in ihr zu offenbaren, das tun zu können, was eigentlich der ursprüngliche Trieb unseres Daseins ist, liegt der Ursprung der Poesie.

Wenn man den Leuten nur begreiflich machen könnte, daß es mit der Sprache wie mit den mathematischen Formeln sei – sie machen eine Welt für sich aus – sie spielen nur mit sich selbst, drücken nichts als ihre wunderbare Natur aus, und eben darum sind sie so ausdrucksvoll – eben darum spiegelt sich in ihnen das seltsame Verhältnisspiel der Dinge. Nur durch ihre Freiheit sind sie Glieder der Natur, und nur in ihren freien Bewegungen äußert sich die Weltseele und macht sie zu einem zarten Maßstab und Grundriß der Dinge. So ist es auch mit der Sprache – wer ein feines Gefühl ihres Takts, ihres musikalischen Geistes hat, wer in sich das zarte Wirken ihrer innern Natur vernimmt und danach seine Zunge oder seine Hand bewegt, der wird ein Prophet sein.

Bei Beurteilung von Gedichten nehme man sich in acht, mehr zu tadeln, als, streng genommen, eigentlicher Kunstfehler, Mißton in jeder Verbindung ist. Man weise möglichst genau jedem Gedichte seinen Bezirk an, und dies wird Kritik genug für den Wahn ihrer Verfasser sein.

Das Publikum ist eine unendlich große, mannigfache, interessante Person – eine geheimnisvolle Person von unendlichem Wert – der eigentliche, absolute Reiz.

Dichtet und trachtet nicht jeder Mensch in jeder Minute?

Nur dann zeig ich, daß ich einen Schriftsteller verstanden habe, wenn ich in seinem Geiste handeln kann.

Der wahre Leser muß der erweiterte Autor sein.

Die Poesie heilt die Wunden, die der Verstand schlägt.

Alle Poesie unterbricht den gewöhnlichen Zustand, das gemeinsame Leben, fast wie der Schlummer, um uns zu erneuern und so unser Lebensgefühl immer rege zu erhalten.

Die Poesie schaltet und waltet mit Schmerz, mit Lust und Unlust, Irrtum und Wahrheit, Gesundheit und Krankheit. Sie mischt alles zu ihrem großen Zweck der Zwecke – der Erhebung des Menschen über sich selbst.

Poesie ist Darstellung des Gemüts – der innern Welt in ihrer Gesamtheit.

Durch Poesie entsteht die höchste, die innigste Gemeinschaft des Endlichen und Unendlichen.

Freude in der Natur

Wer unglücklich in der jetzigen Welt ist, wer nicht findet, was er sucht, der geht hinaus in die Natur.

Die Natur hat alle Abwechslungen eines unendlichen Gemüts, und mehr als der geistvollste, lebendigste Mensch überrascht sie durch sinnreiche Wendungen und Einfälle, Begegnungen und Abweichungen, große Ideen und Bizarrien. Der unerschöpfliche Reichtum ihrer Phantasie läßt keinen vergebens ihren Umgang aufsuchen.

Alles weiß sie zu verschönern, zu beleben, zu bestätigen, und wenn auch im einzelnen ein bewußtloser, nichtsbedeutender Mechanismus allein zu herrschen scheint, so sieht doch das tiefer sehende Auge eine wunderbare Sympathie mit dem menschlichen Herzen im Zusammentreffen und in der Folge der einzelnen Zufälligkeiten. Der Wind ist eine Luftbewegung, die manche äußere Ursachen haben kann, aber ist er dem einsamen, sehnsuchtsvollen Herzen nicht mehr, wenn er vorübersaust, von geliebten Gegenden herweht und mit tausend dunklen, wehmütigen Lauten den stillen Schmerz in einen tiefen melodischen Seufzer der ganzen Natur aufzulösen scheint? Fühlt nicht so auch im jungen bescheidenen Grün der Frühlingswiesen der junge Liebende seine ganze blumenschwangre Seele mit entzückender Wahrheit ausgesprochen, und ist je die Üppigkeit einer nach süßer Auflösung in goldnen Wein lüsternen Seele köstlicher und erwecklicher erschienen als in einer vollen, glänzenden Traube, die sich unter den breiten Blättern halb versteckt?

Man beschuldigt die Dichter der Übertreibung und hält ihnen ihre bildliche uneigentliche Sprache gleichsam nur zugute, ja man begnügt sich ohne tiefere Untersuchung, ihrer Phantasie jene wunderliche Natur zuzuschreiben, die manches sieht und hört, was andere nicht hören und sehen, und die in einem lieblichen Wahnsinn mit der wirklichen Welt nach ihrem Belieben schaltet und waltet; aber mir scheinen die Dichter noch bei weitem nicht genug zu übertreiben...

Die Natur ist eine Äolsharfe, sie ist ein musikalisches Instrument, dessen Töne wieder Tasten höherer Saiten in uns sind.

Die Natur ist das Ideal. Das wahre Ideal ist möglich, wirklich und notwendig zugleich.

Nichts ist so bemerkenswert als das große Zugleich in der Natur. Überall scheint die Natur ganz gegenwärtig. In der Flamme eines Lichts sind alle Naturkräfte tätig, und so repräsentiert und verwandelt sie sich überall und unaufhörlich, treibt Blätter, Blüten und Früchte zusammen und ist, mitten in der Zeit gegenwärtig, vergangen und zukünftig zugleich.

Die Natur wäre nicht die Natur, wenn sie keinen Geist hätte, nicht jenes einzige Gegenbild der Menschheit, nicht die unentbehrliche Antwort dieser geheimnisvollen Frage...

Drückt nicht die ganze Natur, so gut wie das Gesicht und die Gebärden, der Puls und die Farben, den Zustand eines jeden der höheren, wunderbaren Wesen aus, die wir Menschen nennen? Wird nicht der Fels ein eigentümliches Du, eben wenn ich ihn anrede? Und was bin ich anderes als der Strom, wenn ich wehmütig in seine Wellen hinabschaue und die Gedanken in seinem Gleiten verliere?

Die Natur scheint nur deswegen so unbegreiflich, weil sie das Nächste und Traulichste mit einer solchen Verschwendung von mannigfachen Ausdrücken um den Menschen her türmt.

Was ist die Natur? Ein enzyklopädischer, systematischer Index oder Plan unseres Geistes. Laßt sie uns selbst besehen, und sie mannigfaltig bearbeiten und benutzen!

Erkennen die Menschen in der Natur nicht den treuen Abdruck ihrer selbst?

Die Physik ist nichts als die Lehre von der Phantasie.

Ist die Natur etwas anderes, als eine lebende Antike?

Man steht mit der Natur gerade in so unbegreiflich verschiedenen Verhältnissen wie mit den Menschen.

Von selbst geht keinem, der sich losriß und sich zur Insel machte, das Verständnis auf, auch ohne Mühe nicht. Langer, unablässiger Umgang, freie und künstliche Betrachtung, Aufmerksamkeit auf leise Winke und Züge, ein inneres Dichterleben, geübte Sinne, ein einfaches und gottesfürchtiges Gemüt, das sind die wesentlichen Erfordernisse eines echten Naturfreundes, ohne welche keinem sein Wunsch gedeihen wird.

Eine ganz eigene Liebe und Kindlichkeit gehört, nebst dem deutlichsten Verstande und dem ruhigsten Sinn, zum Studium der Natur.

Um die Natur zu begreifen, muß man die Natur innerlich in ihrer ganzen Folge entstehen lassen.

Es ist schon viel gewonnen, wenn das Streben, die Natur vollständig zu begreifen, zur Sehnsucht sich veredelt, zur zarten, bescheidenen Sehnsucht...

Es ist ein geheimnisvoller Zug nach allen Seiten in unserem Innern, aus einem unendlich tiefen Mittel-

punkt sich rings verbreitend. Nun liegt die wunder-
same sinnliche und unsinnliche Natur rund um uns her,
so glauben wir, es sei jener Zug ein Anziehn der Natur,
eine Äußerung unserer Sympathie mit ihr; nur sucht
der eine hinter diesen blauen, fernen Gestalten noch
eine Heimat, die sie ihm verhalten, eine Geliebte seiner
Jugend, Eltern und Geschwister, alte Freunde, liebe
Vergangenheiten; der andere meint, da jenseits war-
teten unbekannte Herrlichkeiten seiner, eine lebens-
volle Zukunft glaubt er dahinter versteckt und streckt
verlangend seine Hände einer neuen Welt entgegen.
Wenige bleiben bei dieser herrlichen Umgebung ruhig
stehen und suchen sie nur selbst in ihrer Fülle und ihrer
Verkettung zu erfassen, vergessen über der Vereinze-
lung den blitzenden Faden nicht, der reihenweise die
Glieder knüpft und den heiligen Kronleuchter bil-
det...

Wirf dich der Natur in die Arme.

Eine Landschaft soll man fühlen wie einen Körper.

Der Abend war heiter und warm. Der Mond stand in
mildem Glanze über den Hügeln und ließ wunderliche
Träume in allen Kreaturen aufsteigen. Selbst wie ein
Traum der Sonne, lag er über der in sich gekehrten
Traumwelt, und führte die in unzählige Grenzen ge-
teilte Natur in jene fabelhafte Urzeit zurück, wo jeder
Keim noch für sich schlummerte und einsam und unbe-

rührt sich vergeblich sehnte, die dunkle Fülle seines unermeßlichen Daseins zu entfalten.

Die südliche Luft hatte mich aufgetaut...

Es sind nicht die bunten Farben, die lustigen Töne und die warme Luft, die uns im Frühling so begeistern. Es ist der stille, weissagende Geist unendlicher Hoffnungen, ein Vorgefühl vieler frohen Tage, des gedeihlichen Daseins so mannigfaltiger Naturen, die Ahnung höherer, ewiger Blüten und Früchte und die dunkle Sympathie mit der gesellig sich entfaltenden Welt.

Es ist etwas sehr Geheimnisvolles in den Wolken, und eine gewisse Bewölkung hat oft einen ganz wunderbaren Einfluß auf uns. Sie ziehen und wollen uns mit ihrem kühlen Schatten auf und davon nehmen, und wenn ihre Bildung lieblich und bunt wie ein ausgehauchter Wunsch unseres Innern ist, so ist auch ihre Klarheit, das herrliche Licht, das dann auf Erden herrscht, wie die Vorbedeutung einer unbekannten, unsäglichen Herrlichkeit. Aber es gibt auch düstere und ernste und entsetzliche Umwölkungen, in denen alle Schrecken der alten Nacht zu drohen scheinen; nie scheint sich der Himmel wieder aufheitern zu wollen, das heitere Blau ist vertilgt, und ein fahles Kupferrot auf schwarzgrauem Grunde weckt Grauen und Angst in jeder Brust. Wenn dann die verderblichen Strahlen herunterzucken und mit höhnischem Gelächter die

schmetternden Donnerschläge hinterdreinfallen, so
werden wir bis ins Innerste beängstigt, und wenn in
uns dann nicht das erhabene Gefühl unserer sittli-
chen Obermacht entsteht, so glauben wir den Schreck-
nissen der Hölle, der Gewalt böser Geister überliefert
zu sein. Es sind Nachhalle der alten, unmenschlichen
Natur, aber auch weckende Stimmen der höheren
Natur, des himmlischen Gewissens in uns. Das Sterb-
liche dröhnt in seinen Grundfesten, aber das Unsterb-
liche fängt heller zu leuchten an und erkennt sich
selbst.

Blumen sind meine Freundinnen, mein Herz ist in die-
sem Garten. Ihr seht nichts, was mich nicht liebt und
von mir nicht zärtlich geliebt wird...

Den vollen Reichtum des unendlichen Lebens, die ge-
waltigen Mächte der späteren Zeit, die Herrlichkeit des
Weltendes und die goldene Zukunft aller Dinge sehen
wir in den Blumen noch innig ineinander verschlungen,
aber doch auf das deutlichste und klarste in zarter
Verjüngung. Schon treibt die allmächtige Liebe, aber
sie zündet noch nicht; es ist keine verzehrende Flamme,
es ist ein zerrinnender Duft, und so innig die Vereini-
gung der zärtlichen Seelen auch ist, so ist sie doch von
keiner heftigen Bewegung und keiner Wut begleitet wie
bei den Tieren. So ist die Kindheit in der Tiefe zunächst
an der Erde, dahingegen die Wolken vielleicht die Er-
scheinungen der zweiten, höheren Kindheit, des wie-

dergefundenen Paradieses sind und darum so wohltätig
auf die erstere heruntertauen.

Auf mich hat die lebendige Natur, die regsame Über-
kleidung der Gegend, immer am meisten gewirkt. Ich
bin nicht müde geworden, besonders die verschiedene
Pflanzennatur auf das sorgfältigste zu betrachten. Die
Gewächse sind so die unmittelbarste Sprache des Bo-
dens, jedes neue Blatt, jede sonderbare Blume ist ir-
gendein Geheimnis, das sich hervordrängt, und das,
weil es sich vor Liebe und Lust nicht bewegen und
nicht zu Worte kommen kann, eine stumme, ruhige
Pflanze wird. Findet man in der Einsamkeit eine solche
Blume, ist es da nicht, als wäre alles umher verklärt und
hielten sich die kleinen befiederten Töne am liebsten in
ihrer Nähe auf? Man möchte vor Freuden weinen und
abgesondert von der Welt nur seine Hände und Füße in
die Erde stecken, um Wurzeln zu treiben und nie diese
glückliche Nachbarschaft zu verlassen. Über die ganze
trockene Welt ist dieser grüne, geheimnisvolle Teppich
der Liebe gezogen. Mit jedem Frühjahr wird er erneu-
ert, und seine seltsame Schrift ist nur dem Geliebten
lesbar, wie der Blumenstrauß des Orients; ewig wird er
lesen und sich nicht satt lesen, und täglich neue Bedeu-
tungen, neue entzückende Offenbarungen der lieben-
den Natur gewahr werden.

Leuchtender Traum

Unser Leben ist kein Traum, aber es soll und wird vielleicht einer werden.

Durch das Gefühl würde die alte, ersehnte Zeit zurückkommen; das Element des Gefühls ist ein inneres Licht, das sich in schöneren, kräftigeren Farben bricht. Dann gingen die Gestirne in dem Menschen auf, er lernte die ganze Welt fühlen, klarer und mannigfaltiger, als ihm das Auge jetzt Grenzen und Flächen zeigt. Er würde Meister eines unendlichen Spiels und vergäße alle törichten Bestrebungen in einem ewigen, sich selbst nährenden und immer wachsenden Genusse. Das Denken ist nur ein Traum des Fühlens, ein erstorbenes Fühlen, ein blaßgraues, schwaches Leben.

Es liegt nur an der Schwäche unserer Organe und der Selbstberührung, daß wir uns nicht in einer Feenwelt erblicken. Alle Märchen sind nur Träume von jener heimatlichen Welt, die überall und nirgends ist. Die höheren Mächte in uns, die einst als Genien unseren Willen vollbringen werden, sind jetzt Musen, die uns auf dieser mühseligen Laufbahn mit süßen Erinnerungen erquicken.

Die blaue Blume sehn' ich mich zu erblicken!

Es ist, als hätt' ich vorhin geträumt oder ich wäre in eine andere Welt hinübergeschlummert; denn in der Welt, in der ich sonst lebte, wer hätte da sich um Blumen bekümmert?

Der Traum, den ich heute Nacht träumte, ist kein unwirksamer Zufall in meinem Leben gewesen, denn ich fühle es, daß er in meine Seele wie ein weites Rad hineingreift und sie in mächtigem Schwunge forttreibt.

Aus welchem Grunde seid ihr so gegen Träume, deren seltsame Verwandlungen und leichte, zarte Natur doch unser Nachdenken rege machen?

Die Träume haben sehr viel zur Kultur und Bildung der Menschheit beigetragen.

Der Traum belehrt uns auf eine merkwürdige Weise von der Leichtigkeit unserer Seele, in jedes Objekt einzudringen, sich in jedes sogleich zu verwandeln.

Mich dünkt der Traum eine Schutzwehr gegen die Regelmäßigkeit und Gewöhnlichkeit des Lebens, eine frohe Erholung der gebundenen Phantasie, wo sie alle Bilder des Lebens durcheinanderwirft und die beständige Ernsthaftigkeit des erwachsenen Menschen durch ein fröhliches Kinderspiel unterbricht. Ohne die

Träume würden wir gewiß früher alt, und so kann man den Traum, wenn auch nicht als unmittelbar von oben gegeben, doch als eine göttliche Mitgabe, einen freundlichen Begleiter betrachten.

Träumende Glieder der Seele ... Körperliche Lust und Unlust sind Traumprodukte. Die Seele ist nur zum Teil wach.

Es gibt gewisse Dichtungen in uns, die einen ganz anderen Charakter als die übrigen zu haben scheinen, denn sie sind vom Gefühl der Notwendigkeit begleitet, und doch ist schlechterdings kein äußerer Grund zu ihnen vorhanden. Es dünkt dem Menschen, als sei er in einem Gespräch begriffen, und irgendein unbekanntes, geistiges Wesen veranlasse ihn auf eine wunderbare Weise zur Entwicklung der evidentesten Gedanken. Dieses Wesen muß ein höheres Wesen sein, weil es sich mit ihm auf eine Art in Beziehung setzt, die keinem an Erscheinungen gebundenen Wesen möglich ist ...

Jetzt regt sich hie und da Geist: wann wird der Geist sich im Ganzen regen? wann wird die Menschheit in Masse sich selbst zu besinnen anfangen?

Wann wird es doch gar keiner Schrecken, keiner Schmerzen, keiner Not und keines Übels mehr im Weltall bedürfen? Wenn es nur eine Kraft gibt – die Kraft des Gewissens.

Wer weiß, ob des Krieges genug ist; aber er wird nie aufhören, wenn man nicht den Palmenzweig ergreift, den allein eine geistliche Macht darreichen kann. Es wird solange Blut über Europa strömen, bis die Nationen ihren fürchterlichen Wahnsinn gewahr werden, der sie im Kreise herum treibt, und von heiliger Musik getroffen und besänftigt, zu ehemaligen Altären treten, Worte des Friedens vernehmen und ein großes Liebesmahl als Friedensfest auf den rauchenden Walstätten mit heißen Tränen gefeiert wird. Nur die Religion kann Europa wieder auferwecken und die Völker versöhnen.

Nur Geduld, sie wird sie muß kommen, die heilige Zeit des ewigen Friedens... und bis dahin seid heiter und mutig in den Gefahren der Zeit!

Am Quell der Freiheit sitzen wir und spähn; er ist der große Zauberspiegel, in dem rein und klar die ganze Schöpfung sich enthüllt, in ihm baden die zarten Geister und Abbilder aller Naturen, und alle Kammern sehn wir hier aufgeschlossen. Was brauchen wir die trübe Welt der sichtbaren Dinge mühsam zu durchwandern? Die reinere Welt liegt ja in uns, in diesem Quell.

Hier offenbart sich der wahre Sinn des großen, bunten, verwirrten Schauspiels; und treten wir von diesen Blikken voll in die Natur, so ist uns alles wohlbekannt, und sicher kennen wir jede Gestalt. Wir brauchen nicht erst lange nachzuforschen... So ist uns alles eine große

Schrift, wozu wir den Schlüssel haben, und nichts kommt uns unerwartet, weil wir voraus den Gang des großen Uhrwerks wissen.

Ahnung des Ewigen

Die höhere Welt ist uns näher, als wir gewöhnlich denken. Schon hier leben wir in ihr, und wir erblicken sie auf das innigste mit der irdischen Natur verwebt.

Schon das Gewissen beweist unser Verhältnis, Verknüpfung mit einer anderen Welt – eine innere, unabhängige Macht und einen Zustand außer der gemeinen Individualität.

Unser Denken ist schlechterdings nur eine Berührung des irdischen Geistes, der geistigen Atmosphäre, durch einen himmlischen, außerirdischen Geist.

Ohne die sichtbare und fühlbare Unsterblichkeit würden wir nicht wahrhaft denken können.

Wie der Körper mit der Welt in Verbindung steht, so die Seele mit dem Geiste. Beide Bahnen laufen vom Menschen aus und endigen in Gott. Freiheit und Unsterblichkeit gehört wie Raum und Zeit zusammen; wie Welt und Ewigkeit gleichsam Raum und Zeit ausfüllen, so füllt Allmacht und Allgegenwart jene beiden Sphären.

Daß überall das Höchste, das Allgemeinste, das Dunkelste mit im Spiel ist, ist sicher.

Mannigfache Wege gehen die Menschen. Wer sie verfolgt und vergleicht, wird wunderliche Figuren entstehen sehn; Figuren, die zu jener großen Chiffrenschrift zu gehören scheinen, die man überall, auf Flügeln, Eierschalen, in Wolken, im Schnee, in Kristallen und in Steinbildungen, auf gefrierenden Wassern, im Innern und Äußern der Gebirge, der Pflanzen, der Tiere, der Menschen, in den Lichtern des Himmels, auf berührten und gestrichenen Scheiben von Pech und Glas, in den Feilspänen um den Magnet her und sonderbaren Konjunkturen des Zufalls erblickt.
In ihnen ahnt man den Schlüssel dieser Wunderschrift.

Die Zufälle sind die einzelnen Tatsachen; die Zusammenstellung der Zufälle, ihr Zusammentreffen ist nicht wieder Zufall, sondern Gesetz – Erfolg der tiefsinnigsten, planmäßigsten Weisheit. Die reine Mathematik ist die Anschauung des Verstandes als Universum.
Echte Mathematik ist das eigentliche Element des Magiers.
In der Musik erscheint sie förmlich als Offenbarung, als schaffender Idealismus.
Aller Genuß ist musikalisch, mithin mathematisch. Das höchste Leben ist Mathematik.
Es kann Mathematiker der ersten Größe geben, die nicht rechnen können.

Man kann ein großer Rechner sein, ohne die Mathematik zu ahnen.
Der echte Mathematiker ist Enthusiast. Ohne Enthusiasmus keine Mathematik.
Reine Mathematik ist Religion.

Wer ein mathematisches Buch nicht mit Andacht ergreift und es wie Gottes Wort liest, der versteht es nicht.

Im Morgenlande ist die echte Mathematik zu Hause. In Europa ist sie zur bloßen Technik ausgeartet.

Auch unsere Gedanken sind wirksame Faktoren des Universums.

Aus Kraft des Glaubens ist die ganze Welt erstanden.

Schicksal und Gemüt sind Namen eines Begriffes.

Alles Wissen endigt und fängt im Glauben an. Vor- und Rückerweiterung des Wissens ist Hinausschiebung, Erweiterung des Glaubensgebietes. Ein vollkommen vernünftiges Wesen kann nicht einmal gedacht werden – ohne um diesen Gedanken zu wissen und ihn mit zu bestimmen.

Der erste Gedanke an Gott erregt eine gewaltsame Emotion im ganzen Individuum.

Wenn Gott Mensch werden konnte, kann er auch Stein, Pflanze, Tier und Element werden, und vielleicht gibt es auf diese Art eine fortwährende Erlösung in der Natur.

Gott ist das Ziel der Natur, dasjenige, mit dem sie einst harmonieren soll.

Je moralischer, desto harmonischer mit Gott, desto göttlicher, desto verbündeter mit Gott. Nur durch den moralischen Sinn wird uns Gott vernehmlich.

Der moralische Sinn ist der Sinn für Dasein ohne äußere Erregung, der Sinn für Bund, der Sinn für das Höchste, der Sinn für Harmonie, der Sinn für frei gewähltes und erfundenes und dennoch gemeinschaftliches Leben und Sein, der Sinn für das Ding an sich.

Die Moral ist, wohlverstanden, das eigentliche Lebenselement des Menschen. Sie ist innig eins mit der Gottesfurcht. Unser reiner, sittlicher Wille ist Gottes Wille. Indem wir seinen Willen erfüllen, erheitern und erweitern wir unser eigenes Dasein, und es ist, als hätten wir um unserer selbst willen, aus innerer Natur so gehandelt. Die Sünde ist allerdings das eigentliche Übel in der Welt. Alles Ungemach kommt von ihr her. Wer die Sünde versteht, versteht die Tugend und das Christentum, sich selbst und die Welt. Ohne dies Verständnis kann man sich Christi Verdienst nicht zu eigen machen – man hat keinen Teil an dieser zweiten, höheren Schöpfung.

Es gibt manche Blumen auf dieser Welt, die überirdischen Ursprungs sind, die in diesem Klima nicht gedeihen und eigentliche Herolde, rufende Boten eines besseren Daseins sind.
Unter diese Boten gehören vorzüglich Religion und Liebe.

Religion ist der große Orient in uns, der selten getrübt wird. So vereinigt sich alles in einen großen, friedlichen Gedanken, in einen stillen, ewigen Glauben...

Die Außenwelt ist die Schattenwelt, sie wirft ihren Schatten in das Lichtreich. Jetzt scheint es uns freilich innerlich so dunkel, einsam, gestaltlos aber wie ganz anders wird es uns dünken, wenn diese Verfinsterung vorbei und der Schattenkörper hinweggerückt ist. Wir werden mehr genießen als je, denn unser Geist hat entbehrt.

Unendlich ist die jugendliche Trauer bei der ersten Erfahrung der Vergänglichkeit der irdischen Dinge, die dem unerfahrenen Gemüt so notwendig und unentbehrlich, so fest verwachsen mit dem eigentümlichsten Dasein und so unveränderlich wie dieses vorkommen müssen. Eine erste Ankündigung des Todes wird, nachdem sie lange wie ein nächtliches Gesicht den Menschen beängstigt hat, endlich bei abnehmender Freude an den Erscheinungen des Tages und zunehmender Sehnsucht nach einer bleibenden sicherern Welt zu einem freundlichen Wegweiser und einer tröstenden Bekanntschaft.

Unglück ist der Beruf zu Gott.

Aufmerksamkeit auf Gott und Achtsamkeit auf jene Momente, wo der Strahl einer himmlischen Überzeugung und Beruhigung in unsere Seelen einbricht, ist das Wohltätigste, was man für sich und seine Lieben haben kann.

Das sind glückliche Leute, die überall Gott vernehmen, überall Gott finden, diese Leute sind eigentlich religiös.

Vernunft, Gemüt, Ernst und Wissenschaft sind von der Sache Gottes unabtrennlich.

Bildung des Geistes ist Mitbildung des Weltgeistes – und also Religion.

Vom Glauben hängt die Welt ab.

Das Wunderbarste, das ewige Phänomen ist das eigene Dasein. Das größte Geheimnis ist der Mensch sich selbst. Die Auflösung dieser unendlichen Aufgabe in der Tat ist die gesamte Weltgeschichte.

Wahrhafte Anarchie ist das Zeugungselement der Religion. Aus der Vernichtung alles Positiven hebt sie ihr glorreiches Haupt als neue Weltstifterin empor. Wie von selbst steigt der Mensch gen Himmel auf, wenn ihn nichts mehr bindet; die höheren Organe treten von selbst aus der allgemeinen, gleichförmigen Mischung und vollständigen Auflösung aller menschlichen Anlagen und Kräfte als der Urkern der irdischen Gestaltung zuerst heraus. Der Geist Gottes schwebt über dem Wasser, und ein himmlisches Eiland wird als Wohnstätte der neuen Menschen, als Stromgebiet des ewigen Lebens zuerst sichtbar über den zurückströmenden Wogen.

Wenn man die Summe aller direkten Zwecke Bildung nennt, so könnte man sagen, der Geist dieser Gesamtheit, der Schlüssel der Bildung – der Sinn dieses großen Gegenstands ist Liebe.

Gott ist die Liebe. Die Liebe ist das höchste Reale – der Urgrund.

Wem es einmal klar geworden ist, daß die Welt Gottes Reich ist, wen einmal die große Überzeugung mit unendlicher Fülle durchdrang, der geht getrost des Lebens dunklen Pfad und sieht mit tiefer göttlicher Ruhe in die Stürme und Gefahren desselben hinein.

Wo gehn wir denn hin? Immer nach Hause.

Die Liebe ist der Endzweck der Weltgeschichte, das Amen des Universums.

Fülle des Herzens

AUCH IN BIN IN ARKADIEN GEBOREN

Auch ich bin in Arkadien geboren;
Auch mir hat ja ein heißes volles Herz
Die Mutter an der Wiege zugeschworen
Und Maß und Zahl in Freude und in Schmerz.

Sie gab mir immer freundlich himmelwärts
Zu schaun, wenn selbst die Hoffnung sich verloren;
Und stählte mich mit Frohsinn und mit Scherz;
Auch ich bin in Arkadien geboren!

DAS LIED DES EINSIEDLERS

Gern verweil' ich noch im Tale
Lächelnd in der tiefen Nacht,
Denn der Liebe volle Schale
Wird mir täglich dargebracht.

Ihre heil'gen Tropfen heben
Meine Seele hoch empor,
Und ich steh' in diesem Leben
Trunken an des Himmels Tor.

Eingewiegt in sel'ges Schauen
Ängstigt mein Gemüt kein Schmerz.
O! die Königin der Frauen
Gibt mir ihr getreues Herz.

Bangverweinte Jahre haben
Diesen schlechten Ton verklärt,
Und ein Bild ihm eingegraben,
Das ihm Ewigkeit gewährt.

Jene lange Zahl von Tagen
Dünkt mir nur ein Augenblick;
Werd' ich einst von hier getragen
Schau' ich dankbar noch zurück.

DIE LIEBE GING AUF DUNKLER BAHN

Die Liebe ging auf dunkler Bahn,
Vom Monde nur erblickt,
Das Schattenreich war aufgetan,
Und seltsam aufgeschmückt.

Ein blauer Dunst umschwebte sie
Mit einem goldnen Rand,
Und eilig zog die Phantasie
Sie über Strom und Land.

AN AGATHON

Wenn Könige mit Gunst dich überhäufen,
Rund um dich Gold in hohen Haufen lacht,
Und zwanzig Schiffe dir durch alle Meere streifen,
Und für dein Wohl Fortuna treulich wacht,
So rühmet jedermann dein Glück; doch stets
vergebens,
Denn hast du nicht dabei Philosophie des Lebens,
So hast du nichts.

AUS DEN ›HYMNEN AN DIE NACHT‹

Welcher Lebendige,
Sinnbegabte,
Liebt nicht vor allen
Wundererscheinungen
Des verbreiteten Raums um ihn
Das allerfreuliche Licht –
Mit seinen Strahlen und Wogen,
Seinen Farben,
Seiner milden Allgegenwart
Im Tage.
Wie des Lebens
Innerste Seele
Atmet es die Riesenwelt
Der rastlosen Gestirne
Die in seinem blauen Meere schwimmen,

Atmet es der funkelnde Stein,
Die ruhige Pflanze
Und der Tiere
Vielgestaltete,
Immerbewegte Kraft...

Abwärts wend' ich mich
Zu der heiligen, unaussprechlichen
Geheimnisvollen Nacht –
Fernab liegt die Welt,
Wie versenkt in eine tiefe Gruft
Wie wüst und einsam
Ihre Stelle!

Hast auch du
Ein menschliches Herz,
Dunkle Nacht?
Was hältst du
Unter deinem Mantel,
Das mir unsichtbar kräftig
An die Seele geht?
Du scheinst nur furchtbar –
Köstlicher Balsam
Träuft aus deiner Hand,
Aus dem Bündel Mohn.
In süßer Trunkenheit
Entfaltest du die schweren Flügel des Gemüts.
Und schenkst uns Freuden
Dunkel und unaussprechlich,

Heimlich, wie du selbst bist,
Freuden, die uns
Einen Himmel ahnen lassen.

Du kommst, Geliebte –
Die Nacht ist da –
Entzückt ist meine Seele –
Vorüber ist der irdische Tag,
Und du bist wieder mein.
Ich schaue dir ins tiefe dunkle Auge,
Sehe nichts als Lieb' und Seligkeit.
Wir sinken auf der Nacht Altar
Aufs weiche Lager –
Die Hülle fällt,
Und angezündet von dem warmen Druck
Entglüht des süßen Opfers
Reine Glut.

Muß immer der Morgen wieder kommen?
Endet nie des Irdischen Gewalt?
Unselige Geschäftigkeit verzehrt
Den himmlischen Anflug der Nacht?
Wird nie der Liebe geheimes Opfer
Ewig brennen?
Zugemessen ward
Dem Lichte seine Zeit
Und dem Wachen –
Aber zeitlos ist der Nacht Herrschaft,
Ewig ist die Dauer des Schlafs.

Heiliger Schlaf!
Beglücke zu selten nicht
Der Nacht Geweihte –
In diesem irdischen Tagwerk.
Nur die Toren verkennen dich
Und wissen von keinem Schlafe
Als den Schatten,
Den du mitleidig auf uns wirfst
In jener Dämmrung
Der wahrhaften Nacht.
Sie fühlen dich nicht
In der goldnen Flut der Trauben,
In des Mandelbaums
Wunderöl
Und dem braunen Safte des Mohns.
Sie wissen nicht,
Daß du es bist,
Der des zarten Mädchens
Busen umschwebt
Und zum Himmel den Schoß macht –
Ahnen nicht,
Daß aus alten Geschichten
Du himmelöffnend entgegen trittst
Und den Schlüssel trägst
Zu den Wohnungen der Seligen,
Unendlicher Geheimnisse
Schweigender Bote.

WOHIN ZIEHST DU MICH

Wohin ziehst du mich,
Fülle meines Herzens,
Gott des Rausches,
Welche Wälder, welche Klüfte
Durchstreif' ich mit fremdem Mut.
O, welche Höhlen
Hören in den Sternenkranz
Cäsars ewigen Glanz mich flechten
Und den Göttern ihn zugesellen.
Unerhörte, gewaltige,
Keinen sterblichen Lippen entfallene
Dinge will ich sagen.
Wie die glühende Nachtwandlerin,
Die bacchische Jungfrau
Am Hebrus staunt
Und im thrazischen Schnee
Und in Rhodope, im Lande der Wilden,
So dünkt mir seltsam und fremd
Der Flüsse Gewässer,
Der einsame Wald...

WENN ALLE UNTREU WERDEN

Wenn alle untreu werden,
So bleib' ich dir doch treu;
Daß Dankbarkeit auf Erden
Nicht ausgestorben sei.
Für mich umfing dich Leiden,
Vergingst für mich in Schmerz;
Drum geb' ich dir mit Freuden
Auf ewig dieses Herz.

Oft muß ich bitter weinen,
Daß du gestorben bist,
Und mancher von den Deinen
Dich lebenslang vergißt.
Von Liebe nur durchdrungen
Hast du so viel getan,
Und doch bist du verklungen,
Und keiner denkt daran.

Du stehst voll treuer Liebe
Noch immer jedem bei;
Und wenn dir keiner bliebe,
So bleibst du dennoch treu;
Die treuste Liebe sieget,
Am Ende fühlt man sie,
Weint bitterlich und schmieget
Sich kindlich an dein Knie.

Ich habe dich empfunden,
O! lasse nicht von mir;
Laß innig mich verbunden
Auf ewig sein mit dir.
Einst schauen meine Brüder
Auch wieder himmelwärts
Und sinken liebend nieder
Und fallen dir ans Herz.

ICH SEHE DICH IN TAUSEND BILDERN

Ich sehe dich in tausend Bildern,
Maria, lieblich ausgedrückt,
Doch keins von allen kann dich schildern,
Wie meine Seele dich erblickt.

Ich weiß nur, daß der Welt Getümmel
Seitdem mir wie ein Traum verweht,
Und ein unnennbar süßer Himmel
Mir ewig im Gemüte steht.

HELFT UNS NUR DEN ERDGEIST BINDEN

Helft uns nur den Erdgeist binden,
Lernt den Sinn des Todes fassen
Und das Wort des Lebens finden;
Einmal kehrt euch um.

Deine Macht muß bald verschwinden,
Dein erborgtes Licht verblassen,
Werden dich in kurzem binden,
Erdgeist, deine Zeit ist um.

WENN IN BANGEN TRÜBEN STUNDEN

Wenn in bangen trüben Stunden
Unser Herz beinah verzagt,
Wenn von Krankheit überwunden
Angst in unserm Innern nagt;
Wir der Treugeliebten denken,
Wie sie Gram und Kummer drückt,
Wolken unsern Blick beschränken,
Die kein Hoffnungsstrahl durchblickt:

O! dann neigt sich Gott herüber,
Seine Liebe kommt uns nah,
Sehnen wir uns dann hinüber,
Steht sein Engel vor uns da,
Bringt den Kelch des frischen Lebens,
Lispelt Mut und Trost uns zu;
Und wir beten nicht vergebens
Auch für die Geliebten Ruh.

ALTE WUNDER, KÜNFT'GE ZEITEN

Alte Wunder, künft'ge Zeiten,
Seltsamkeiten,
Weichet nie aus meinem Herzen.
Unvergeßlich sei die Stelle,
Wo des Lichtes heil'ge Quelle
Weggespült den Traum der Schmerzen.

Nachwort

D as Gesamtwerk von Novalis besteht, sieht man von den Gedichten ab, aus Fragmenten. Novalis hat seine Gedanken nie in ein geschlossenes System gebracht, er hat auch, wie er selbst schreibt, nie genügend Zeit gehabt, sich mit eingehenden Beweisführungen abzugeben. Er sprach seine Anschauungen in aphoristischer Form aus, und diese in wenige Sätze, oft sogar nur in wenige Worte konzentrierte Darstellung von Beobachtungen und Ideen kam der Veranstaltung dieser Auswahl sehr entgegen. Die in Tagebuchaufzeichnungen, Briefen und Notizen – den sogenannten »Fragmenten« – niedergelegten Ansichten fordern geradezu eine Auslese heraus, um chronologisch getrennte Gedankengänge, die innerlich zusammengehören, oder gelegentliche Aussprüche, die einander ergänzen, nebeneinanderzustellen und zu einer organischen Einheit zu verbinden. Auch das dichterische Werk in Prosa und Dramatik liegt nur in Fragmenten vor. Weder ›Heinrich von Ofterdingen‹, weder ›Die Lehrlinge zu Sais‹ noch ›Die Christenheit oder Europa‹ sind abgeschlossene Werke. Eine Auslese daraus zerbricht daher nicht ein vollendetes Ganzes. Besonders eindrucksvoll erschienen die Briefe, die zu den schönsten der deutschen Briefliteratur überhaupt zählen. Die

wundervollen Zeilen an seinen Bruder Erasmus sind in
allen wichtigen Teilen in dem Kapitel ›Tröstlicher Rat‹
wiedergegeben. Durch die Heranziehung der kriti-
schen Ausgabe konnten mehrere erst spät aufgefun-
dene und erstmalig veröffentlichte Briefe und Auf-
zeichnungen benützt werden.

Die Anordnung der Kapitel wuchs aus den Gedanken
und der dichterischen Schau der Schriften gleichsam
von selbst: das Kapitel ›Weg zu sich selbst‹ enthält das
Erforschen der inneren Welt des Menschen. ›Tröstli-
cher Rat‹ stellt uns vor die verschiedensten Lebenspro-
bleme, ›Von Mensch zu Mensch‹ bringt Gedanken zur
Bedeutung und Vertiefung der menschlichen Bezie-
hungen. Von den folgenden Kapiteln befassen sich
›Schönheit der Kunst‹ und ›Geschenke der Liebe‹ mit
dem romantischen Ideal der Kunst und der Liebe,
›Freude in der Natur‹ zeigt das tiefe Naturgefühl von
Novalis, das Erleben der freien Landschaft, des Lich-
tes, der Witterung, das zu einem Hauptthema der ge-
samten Romantik wird. Das Kapitel ›Leuchtender
Traum‹ eröffnet uns die Vision einer großen Sehnsucht,
›Ahnung des Ewigen‹ läßt uns Gedanken von bewegen-
der mystischer Schau erleben. Die Auslese klingt in
einer Sammlung der schönsten Verse aus.

Dieser Auswahl liegt die große kritische Gesamtaus-
gabe der Werke und Briefe von Novalis, herausgegeben
im Verein mit Richard Samuel von Paul Kluckhohn,
Bibliographisches Institut, Leipzig 1929, zugrunde.

Wolfgang Kraus

Quellen

Im einzelnen ist die Auswahl folgenden Schriften entnommen: ›Blütenstaub‹, ›Die Christenheit oder Europa‹, ›Dialoge‹, ›Fragmente‹, ›Glauben und Liebe oder Der König und die Königin‹, ›Geistliche Lieder‹, ›Hymnen an die Nacht‹, ›Die Lehrlinge zu Sais‹, ›Monolog‹, ›Heinrich von Ofterdingen‹, ›Notizen aus den Studienheften‹, ›Tagebücher‹, ›Vermischte Gedichte‹ sowie Novalis' Briefen an seine Mutter, seine Brüder Erasmus und Karl, Friedrich Schiller, Karoline Just, den Kreisamtmann Just, Frau Brachmann, Karoline Schlegel, Herrn von Thümmel und Wilhelm Schlegel.

Inhalt

Wilhelm Müller
Die Winterreise
und
Die schöne Müllerin

Die beiden berühmtesten Liederzyklen Wilhelm Müllers
liegen nun in ihrer ursprünglichen Fassung in einer
eigenständigen, schönen Ausgabe vor. Franz Schubert
wurde durch diesen ›Zyklus schauerlicher Lieder‹, wie
er ihn nannte, tief berührt und zu einer Vertonung an-
geregt, die bis hin zu Mahlers ›Lieder eines fahrenden
Gesellen‹ die Vokalkomposition beeinflußte.

»Wie rein, wie klar sind Ihre Lieder, und sämtlich sind
es Volkslieder. Ja, ich bin groß genug, es sogar bestimmt
zu wiederholen, und Sie werden es mal öffentlich aus-
gesprochen finden, daß mir durch die Lektüre Ihrer
›Siebenundsiebzig Gedichte‹ zuerst klargeworden, wie
man aus den alten vorhandenen Volksliedformen neue
Formen bilden kann, die ebenfalls volkstümlich sind,
ohne daß man nötig hat, die alten Sprachholperigkeiten
und Unbeholfenheiten nachzuahmen.«
Heinrich Heine

»Hanspeter Padrutts Buch ›Der epochale Winter‹ hat
eine hübsche und willkommene Nebenfrucht abge-
worfen: Wilhelm Müllers Gedichtzyklen ›Die Winter-
reise‹ und ›Die schöne Müllerin‹, ausgestattet mit
Zeichnungen von Ludwig Richter und versehen mit
einem kurzen, aber informativen Nachwort.«
Beatrice von Matt / Neue Zürcher Zeitung

Hanspeter Padrutt
Der epochale Winter
Zeitgemäße Betrachtungen
detebe 21845

»Padrutt ist einer der ganz seltenen Universalisten unserer Zeit; er vermag ein stupendes Wissen in Medizin, Philosophie, Musikwissenschaft, Literaturwissenschaft und Linguistik als ›concerned citizen‹ sehr klar in größere Zusammenhänge einzuordnen... Es ist aber nicht nur der Inhalt, der dieses Buch zu den lesenswertesten der letzten Jahre macht; Padrutt erweist sich auch als Meister der Form. Eine herrliche Sprache, kein Wort zu viel, keines zu wenig.«
Prof. Gerhart Bruckmann, Mitglied des Club of Rome

»Eine ganz besondere Faszination geht von Padrutts Gedanken-Sprüngen aus. Uns wurde beigebracht, Gedanken hätten nicht zu springen, sondern sie hätten, um die Logik nicht zu verletzen, Schrittchen um Schrittchen voranzuschreiten. Der Autor hält sich nicht an diese Regel. Er läßt, weil es eine Logik des Herzens gibt, seine Gedanken Sprünge tun und kommt zu verblüffenden Feststellungen.«
Hans Stickelberger / Tages-Anzeiger, Zürich

»Ihr Buch packt mich als eine tief religiöse Botschaft. Alles, was Sie sagen, ist ergreifend und ist wahr. In Wichtigem ist es neu.«
Prof. Manfred Bleuler, ehemaliger Direktor der Psychiatrischen Universitätsklinik Zürich

Ausgezeichnet mit dem Buchpreis *Lesen für die Umwelt* 1989 der Deutschen Umweltstiftung

Klassiker
im Diogenes Verlag

Deutsche Literatur

● **Angelus Silesius**
Der cherubinische Wandersmann
Geistreiche Sinn- und Schlußreime. Herausgegeben und mit einem Nachwort von Erich Brock. detebe 20644

● **Ulrich Bräker**
Leben und Schriften
in 2 Bänden. Herausgegeben von Samuel Voellmy und Heinz Weder.
detebe 20581–20582

● **Georg Büchner**
Werke und Briefe
Herausgegeben und mit einem Vorwort von Franz Josef Görtz. Mit einem Nachwort von Friedrich Dürrenmatt. detebe 21656

● **Wilhelm Busch**
Studienausgabe
in 7 Bänden. Herausgegeben von Friedrich Bohne. detebe 20107–20113

● **Das Diogenes Lesebuch klassischer deutscher Erzähler**
Band I:
Geschichten von Wieland bis Kleist

Band II:
Geschichten von Eichendorff bis zu den Brüdern Grimm

Band III:
Geschichten von Mörike bis Busch

Alle drei Bände herausgegeben von Christian Strich und Gerd Haffmans
detebe 20727, 20728, 20669

● **Meister Eckehart**
Deutsche Predigten und Traktate
Herausgegeben von Josef Quint
detebe 20642

● **Joseph von Eichendorff**
Aus dem Leben eines Taugenichts
Novelle. Mit einem Vorwort von Thomas Mann. detebe 20516

Wem Gott will rechte Gunst erweisen
Die schönsten Gedichte. Ausgewählt von Franz Sutter. detebe 21607

Meistererzählungen
detebe 21608

● **Theodor Fontane**
Gedichte · Erinnerungen · Aufsätze
Nachwort von Kurt Tucholsky
detebe 21074

Schach von Wuthenow · L'Adultera · Stine
Drei Romane. Nachwort von Werner Weber
detebe 21075

Irrungen Wirrungen Frau Jenny Treibel
Zwei Romane. Nachwort von Otto Brahm
detebe 21076

Effi Briest
Roman. Nachwort von Max Rychner
detebe 21077

Der Stechlin
Roman. Nachwort von Thomas Mann
detebe 21073

● **Johann Wolfgang Goethe**
Gedichte I
detebe 20437

Gedichte II
Gedankenlyrik / Westöstlicher Diwan
detebe 20438

Faust
Der Tragödie erster und zweiter Teil
detebe 20439

Die Leiden des jungen Werther
Roman. detebe 21366

Gedanken und Aussprüche
Herausgegeben und mit einem Vorwort von Ernst Freiherr von Feuchtersleben. Nachwort von Hans Tabarelli. detebe 21673

Englische, irische und amerikanische Literatur

● **James Boswell**
Dr. Samuel Johnson
Leben und Meinungen. Deutsch von Fritz
Güttinger. detebe 20786

● **Charlotte Brontë**
Jane Eyre
Eine Autobiographie. Roman. Deutsch von
Bernhard Schindler. Mit einem Essay von
Klaus Mann. detebe 21581

● **Erskine Caldwell**
Wo die Mädchen anders waren
Ausgewählte Geschichten. Deutsch von Inge
M. Artl, Elisabeth Schnack und Joachim
Marten. detebe 21186

● **James Fenimore Cooper**
Lederstrumpf in 5 Bänden
Vollständige Ausgabe. detebe 21820

● **Daniel Defoe**
Robinson Crusoe
Roman. detebe 21364

● **Charles Dickens**
*Ausgewählte Romane und
Geschichten*
in 7 Bänden. In der deutschen Übertragung
von Gujstav Meyrink. detebe

Weihnachtslied
Eine Gespenstergeschichte. Deutsch von
Richard Zoozmann. Mit Zeichnungen von
Tatjana Hauptmann. detebe 21834

● **Arthur Conan Doyle**
Sherlock Holmes Geschichten
Deutsch von Margarete Nedem
detebe 21211

● **Ralph Waldo Emerson**
Natur
Essay. Neu übersetzt von Harald Kiczka. Mit
einem Nachruf auf Emerson von Herman
Grimm. detebe 21657

Essays
Herausgegeben und übersetzt von Harald
Kiczka. Mit zahlreichen Anmerkungen und
einem ausführlichen Index. detebe 21071

Repräsentanten der Menschheit
Sieben Essays. Deutsch von Karl Federn. Mit
einem Vorwort von Egon Friedell
detebe 21696

● **Katherine Mansfield**
Das Puppenhaus
Ausgewählte Erzählungen. Auswahl, Nach-
wort und Übersetzung von Elisabeth
Schnack. detebe 21705

● **Herman Melville**
Moby-Dick
Roman. Deutsch von Thesi Mutzenbecher
und Ernst Schnabel. detebe 20385

Billy Budd
Erzählung. Deutsch von Richard Moering
detebe 20787

● **Edgar Allan Poe**
Erzählungen
in 4 Bänden: Die rote Katze – Die Maske des
roten Todes – Der Teufel im Glockenstuhl –
Der Untergang des Hauses Usher. Herausge-
geben von Theodor Etzel. Deutsch von
Gisela Etzel, Wolf Durian u.a.
detebe 21182–21185

*Die denkwürdigen Erlebnisse des
Arthur Gordon Pym*
Roman. Deutsch von Gisela Etzel. Mit einem
Nachwort von Jörg Drews. detebe 21267

Meistererzählungen
Ausgewählt und mit einem Vorwort von Mary
Hottinger. Deutsch von Gisela Etzel
detebe 21721

● **Walter Scott**
Ivanhoe
Roman. Deutsch von Benno Tschischwitz
Mit einem Nachwort von Hermann Meier
detebe 21321

● **William Shakespeare**
Dramatische Werke
in 10 Bänden. Übersetzung von Schlegel /
Tieck. Edition von Hans Matter. Illustratio-
nen von Heinrich Füßli
detebe 20631–20640

Sonette
Englisch und deutsch. Übertragen von Karl
Kraus. detebe 20381

● **Laurence Sterne**
Tristram Shandy
Roman. Deutsch von Rudolf Kassner. Anmerkungen von Walther Martin. detebe 20950

● **R. L. Stevenson**
Werke
in 12 Bänden. Edition und Übersetzung von Curt und Marguerite Thesing
detebe 20701–20712

● **Henri David Thoreau**
Walden
oder Leben in den Wäldern
Deutsch von Emma Emmerich und Tatjana Fischer. detebe 20019

Über die Pflicht zum
Ungehorsam gegen den Staat
Ausgewählte Essays. Deutsch von Walter E. Richartz. detebe 20063

● **Mark Twain**
Werke
in bisher 13 Bänden. detebe

● **Lewis Wallace**
Ben Hur
Eine Erzählung aus der Zeit Christi. Deutsch und mit einem Nachwort von Hugo Reichenbach. detebe 21291

● **Walt Whitman**
Grashalme
Nachdichtung von Hans Reisiger. Mit einem Essay von Gustav Landauer. detebe 21351

● **Oscar Wilde**
Der Sozialismus und die Seele des
Menschen
Ein Essay. Deutsch von Gustav Landauer und Hedwig Lachmann. detebe 20003

Sämtliche Erzählungen
Mit Zeichnungen von Aubrey Beardsley. Herausgegeben und mit einem Nachwort von Gerd Haffmans. detebe 20985

Das Bildnis des Dorian Gray
Roman. Deutsch von W. Fred. detebe 21411

De profundis
Briefe aus dem Zuchthaus sowie Die Ballade vom Zuchthaus zu Reading. Deutsch von M. Meierfeld. Mit einem Nachwort von Jorge Luis Borges. detebe 21499

Extravagante Gedanken
Eine Auswahl. Herausgegeben und mit einem Vorwort von Wolfgang Kraus. Auswahl und Übersetzung von Candida Kraus
detebe 21648

Französische, italienische, spanische und lateinamerikanische Literatur

● **Pedro Antonio de Alarcón**
Meistererzählungen
Herausgegeben und mit einem Nachwort von Werner Bahner. Deutsch von Georg Spranger. detebe 21703

● **Honoré de Balzac**
Die großen Romane
in 10 Bänden. Deutsch von Emil A. Rheinhardt, Otto Flake, Franz Hessel, Paul Zech u.a. detebe 20901–20910

Erzählungen
in 3 Bänden: Pariser Geschichten – Liebesgeschichten – Mystische Geschichten. Deutsch von Otto Flake u. a. detebe 20896, 20897, 20899

Das ungekannte Meisterwerk
Erzählungen. Deutsch von Heinrich E. Jacob und Hete Maass. detebe 20477

Das Mädchen mit den Goldaugen
Erzählung. Deutsch von Victor von Koczian
detebe 21447

Tolldreiste Geschichten
Übersetzung und Nachwort von Herbert Kühn. Mit vielen Bildern von Gustave Doré
detebe 21751

● **Charles Baudelaire**
Die Tänzerin Fanfarlo /
Der Spleen von Paris
Sämtliche Prosadichtungen. Deutsch von Walther Küchler. detebe 20387

Die Blumen des Bösen
Gedichte. Deutsch von Terese Robinson
detebe 20999

● **Giovanni Boccaccio**
Der Decamerone
in 5 Bänden. Sämtliche 100 Novellen in der berühmten Propyläen-Edition. Aus dem Italienischen von Heinrich Conrad. Mit den Kupfern und Vignetten von Gravelot, Boucher und Eisen der Ausgabe von 1757
detebe 21060–21064

● **Calderón**
Das große Welttheater
In einer Nachdichtung von Joseph von
Eichendorff. Mit einem Nachwort von
Bernhard Michael Steinmetz. detebe 21537

● **Cervantes**
*Leben und Taten des scharfsinnigen
Edlen Don Quixote von la Mancha*
In der ungekürzten deutschen Übertragung
von Ludwig Tieck. Mit einem Essay von Heinrich Heine. detebe 21496

● **P.A.F. Choderlos de Laclos**
Gefährliche Liebschaften
Roman. Aus dem Französischen von Franz
Blei. Mit einem Nachwort von Renate Briesemeister. detebe 21271

● **Charles de Coster**
Die Geschichte von Ulenspiegel
Roman. Deutsch von Karl Wolfskehl. Mit
einem Nachwort von Peter Müller
detebe 21269

Die Hochzeitsreise
Roman. Mit Zeichnungen von Max Schwimmer und einem Nachwort von Stefan Zweig
detebe 21752

● **Erckmann-Chatrian**
Es lebe der Kaiser
Geschichte eines Rekruten aus den Napoleonischen Kriegen. Roman. Mit einem Vorwort
von V.S. Pritchett. Deutsch von
J. von Harten, K. Henniger und Tatjana
Fischer. detebe 21199

● **Gustave Flaubert**
Werke – Briefe – Materialien
in 8 Bänden. Jeder Band mit einem Anhang
zeitgenössischer Rezensionen. detebe

Jugendwerke
Erste Erzählungen. Herausgegeben und
übersetzt von Traugott König. Leinen

November
Jugendwerke II. Herausgegeben und übersetzt von Traugott König. Leinen ·

● **Franz von Assisi**
Die Werke
Edition und Übersetzung von Wolfram von
den Steinen. detebe 20641

● **Ein französisches Hexameron**
Sechzig alte französische Novellen und
Schwänke, ausgewählt, übertragen und mit
einem Nachwort versehen von Walter Widmer
detebe 21392

● **Victor Hugo**
Der letzte Tag eines Verurteilten
Aus dem Französischen und Vorwort von
W. Scheu. detebe 21234

Der Glöckner von Notre Dame
Roman. Deutsch von Philipp Wanderer. Mit
einem Nachwort von Arthur von Riha
detebe 21290

Die Elenden
in 5 Bänden. Deutsch von Paul Wiegler und
Wolfgang Günther. Mit einem Nachwort von
Hans Grössel und einem Aufsatz von Charles
Baudelaire. detebe 21438–21442

Das Teufelsschiff
Roman. Deutsch von Hans Kauders. Mit
einem Nachwort von Christian Schäfer
detebe 21549

● **Joris-Karl Huysmans**
Gegen den Strich
Roman. Deutsch von Hans Jacob. Einführung von Robert Baldick. Essay von Paul
Valéry. detebe 20921

Tief unten
Roman. Deutsch von Gustav Gugitz. Mit
einem Nachwort von Manfred Ach
detebe 21446

● **François de La Rochefoucauld**
Spiegel des Herzens
Seine sämtlichen Maximen. Herausgegeben
und mit einem Vorwort von Wolfgang Kraus.
Aus dem Französischen von Fritz Habeck
detebe 21647

● **Joaquim Maria
Machado de Assis**
Meistererzählungen
Herausgegeben, übersetzt und mit einem
Nachwort von Curt Meyer-Clason
detebe 21504

● Guy de Maupassant
Erzählungen
in 5 Bänden: Das Haus Tellier – Hoch zu Roß
– Mamsell Fifi – Die kleine Roque – Mein
Freund Patience. Deutsch von Georg von der
Vring und Walter Widmer. Jeder Band mit
zeitgenössischen Illustrationen. detebe

Meistererzählungen
Ausgewählt, übertragen und mit einem Nach-
wort von Walter Widmer. detebe 21897

● Prosper Mérimée
Carmen
Novelle. Deutsch von Arthur Schurig
detebe 21188

Die Venus von Ille
Novellen. Deutsch von Arthur Schurig
detebe 21246

Eine tragische Liebschaft
Novellen. Deutsch von Arthur Schurig
detebe 21247

● Molière
Komödien
in 7 Bänden. Neuübersetzung von Hans
Weigel. detebe

● Michel de Montaigne
*Zum Zeitvertreib und um die
Phantasie zu tummeln*
Aus den Essais gezogen von Karl Bernhard
detebe 21282

● Blaise Pascal
*Größe und Nichtigkeit des
Menschen*
Aus dem Französischen von Theodor Tagger
detebe 21876

● Luigi Pirandello
Meistererzählungen
Auswahl und Nachwort von Lisa Rüdiger.
Aus dem Italienischen von Percy Eckstein,
Hans Hinterhäuser und Lisa Rüdiger.
detebe 21527

● Ernest Renan
Das Leben Jesu
Vom Verfasser autorisierte Übertragung aus
dem Französischen. detebe 20419

● Stendhal
Werke
in 10 Bänden. Deutsch von Franz Hessel,
Franz Blei, Arthur Schurig u. a.
detebe 20966–20975

● Teresa von Avila
Die innere Burg
Edition und Übersetzung von Fritz Vogel-
gsang. detebe 20643

● Giorgio Vasari
Lebensgeschichten
der berühmtesten Maler, Bildhauer und Archi-
tekten der Renaissance. Herausgegeben von
Ernst Jaffé. Mit einem Nachwort von Ma-
rianne Bernhard und 27 ganzseitigen Porträts
detebe 21320

● Jules Verne
Die Hauptwerke
ungekürzt, originalgetreu, mit allen Stichen
der französischen Erstausgabe. Bisher liegen
24 Bände vor. detebe

● François Villon
Lieder und Balladen
Das kleine Testament, Die Balladen, Das
große Testament. Ins Deutsche übertragen
und mit einem biographischen Anhang von
K.L. Ammer. detebe 21494

● Voltaire
Gedanken regieren die Welt
Eine Auswahl. Herausgegeben und mit einem
Vorwort von Wolfgang Kraus. detebe 21553

Russische und polnische Literatur

● Anton Čechov
Das erzählende Werk
In der Neuedition von Peter Urban
detebe 20261–20270

Das dramatische Werk
In der Neuedition und -übersetzung von
Peter Urban. detebe

Meistererzählungen
Ausgewählt von Franz Sutter. Deutsch von
Ada Knipper, Herta von Schulz und Gerhard
Dick. detebe 21702

● **Thomas Morus**
Utopia
Deutsch von Alfred Hartmann
detebe 20420

● **Das Neue Testament**
in 4 Sprachen: Lateinisch, Griechisch
Deutsch und Englisch. detebe 20925

● **Thomas a Kempis**
Die Nachfolge Christi
Ein kernhafter Auszug aus ›De imitatione
Christi‹. Nach dem lateinischen Urtext bear-
beitet und mit Anmerkungen herausgegeben
von E.A. Kernwart. detebe 21487

Schwedische Literatur

● **August Strindberg**
Dramen in 3 Bänden
Herausgegeben von Arthur Bethke. Aus dem
Schwedischen von Arthur Bethke und Anne
Storm. detebe 21790

Fräulein Julie
und fünf andere Dramen. detebe 21777

Nach Damaskus
und drei andere Dramen. detebe 21778

Gespenstersonate
und sechs andere Dramen. Mit einem Essay
von Ernst Wendt. detebe 21779

Chinesische, indische und
arabische Literatur

● **Also sprach der Erhabene**
Eine Auswahl aus den Reden Gotamo Budd-
hos. Übertragen von Karl Eugen Neumann
detebe 21443

● **Chinesisches Novellenbuch**
Herausgegeben von Jan Tschichold
Mit einer literarischen Notiz und Anmerkun-
gen von Eduard Grisebach sowie einem
Nachwort von Jan Tschichold. Deutsch von
Eduard Grisebach. detebe 21177

● **Djin Ping Meh**
Ein Sittenroman aus der Ming-Zeit. Mit 200
Holzschnitten einer Ausgabe von 1755.
Deutsch von Otto und Artur Kibat. Heraus-
gegeben und mit einer Einleitung von Her-
bert Franke. 5 Bände und 1 Kommentarband
detebe 21712

● **Lao Tse**
Tao-Te-King
Neu ins Deutsche übertragen von Hans
Knospe und Odette Brändli. Mit einem Vor-
wort von Knut Walf. detebe 21875

● **Mohammed**
Die Stimme des Propheten
Aus dem Koran ausgewählt, herausgegeben
und mit einem Vorwort von Wolfgang Kraus
detebe 21551